CUBE
BOOK

CUBE BOOK

BLUMEN

WHITE STAR VERLAG

REDAKTIONELLE LEITUNG
VALERIA MANFERTO DE FABIANIS

Text
OVIDIO GUAITA

Layout
CLARA ZANOTTI

Redaktion
GIADA FRANCIA
GIORGIA RAINIERI

Übersetzung
MICHAEL VON KILLISCH-HORN

Producing
JOHANNES STEIL

Via Candido Sassone, 22–24
13100 Vercelli – Italien
www.whitestar.it

Für die deutsche Ausgabe

www.whitestar-verlag.de

Der berühmte rosa Strand der Isola di Budelli bei Sardinien.

ISBN 3-939128-63-5 ISBN 978-3-939128-63-2

1 2 3 4 5 6 12 11 10 09 08 07

Gedruckt in Singapur

Litho: Fotomec; Chiaroscuro; Mycrom; CTM, Turin (Italien); Grafotitoli, Mailand (Italien)

INHALT

BLUMEN

1 • Feldmargeriten.

2–3 • Tulpen in Holland.

4–5 • Blühende Lupinen im Nationalpark Torres del Paine in Chile.

6–7 • Tropenblumen in Polynesien.

8–9 • Ein Kolibri auf einer *Symbolanthus pulcherrimus* im Wald von Costa Rica.

13 • Ein Strauß englischer Rosen.

15 • Blütenstempel eines Hibiskus.

16–17 • Sonnenblumenfeld in der Toskana.

18–19 • Lavendelfeld in Norfolk in England.

Vorwort

Blumen unterstreichen die wichtigsten Stationen unseres Lebens: Sie besiegeln einen Liebesbund und bekräftigen ihn über die Jahre, sie sind Huldigung an die Schönheit, Zeichen der Bewunderung, Anteilnahme an einem Erfolg oder einer Eroberung — so groß oder klein sie auch sein mögen. Sie verschönern Festtage, unterstützen unsere Gebete, verleihen einer Bitte um Verzeihung Nachdruck. Sie empfangen ein neues Leben und sind Begleiter auf der letzten Reise. Sie sind immer da, manchmal diskret, fast bescheiden, dann wieder verschwenderisch, prächtig. Sie spiegeln Gefühle und Stimmungen wider und sind zuverlässige Botschafter unserer Gedanken.

Valeria Manferto De Fabianis

Einleitung

Die Leidenschaft für die Blumen ist so alt wie der Mensch. Duftend, bunt, samtig, hat sich die Blume stets großer Beliebtheit erfreut. Und Blumen sind kein Vorrecht der wohlhabenden Klassen, sie gefallen Reichen wie Armen und vor allem Menschen aller Kulturen. Eine universelle Leidenschaft also, die eint, statt zu trennen. Je nach Klima blüht es auf Felsen, in Wüsten, im Unterholz vielfältig und jahreszeitlich ganz unterschiedlich. Aber das Verlangen des Menschen, die Natur zu beherrschen und sie seinem Willen zu unterwerfen, hat die vorhandenen Arten auch verbessert, indem er neue züchtete. Seit der Antike haben Blumen als Geschenk gedient. Die Ägypter schenkten

• Lotosblume.

Einleitung

sie den Pharaonen, die Priester der Gottheit, aber auch die verliebten Männer ihrer Verlobten. Diese einfache Geste hat mit der Zeit, je nachdem, welche Art und welche Farben man wählte, immer neue Bedeutungen angenommen, wodurch sich allmählich eine richtige Blumensprache entwickelte. Ein Code, der für jedes Volk und jede Epoche ein anderer ist. Denn die Geschmäcker und die Gebräuche sind ganz verschieden. Mit dem Verschenken von Blumen entsteht auch die Kunst des Blumenbindens: zu Sträußen, Buketts, Girlanden, Sträußchen, um sie zu verschenken, und zu Kronen als Kopfputz. Aber die Blumen werden nicht nur verschenkt, sie dienen auch dazu, Fenster, Balkons und Hausfassaden

Einleitung

zu verschönern. Die Römer pflanzten sie in Gärten an, die Ordensgeistlichen im Mittelalter zuerst in den Kreuzgängen der Klöster und später in den Heilkräutergärten, in denen Arzneipflanzen angebaut wurden, bis sie schließlich in den Renaissancegärten der Humanisten Triumphe feierten. Um die Anpassungsfähigkeit zu studieren und experimentieren zu können, wurden botanische Gärten angelegt. Die Mode greift unter den gebildeten Herrschern des 16. und 17. Jahrhunderts um sich, die die neuen Arten untereinander austauschen, die Händler bringen sie in ferne Gegenden, und die Zahl der Sammler nimmt zu. Die Blume und die seltene Pflanze feiern wie die kostbarsten Inkunabeln das Wissen, die

Einleitung

Kultur und das Vermögen des Hausherrn. Sie verleihen Ansehen, man ist stolz auf sie, und der Garten ist der Ort ihrer Verherrlichung. Doch die Blume hat die Menschen auch deswegen stets fasziniert, weil sie Ausdruck des Lebens ist. Aus der Blume entsteht eine Frucht, aus der Frucht eine neue Pflanze, und der Zyklus wiederholt sich. Zierpflanzen, Blüten früchtetragender Bäume, essbare Blumen, nur örtlich vorkommende Blumen, Zuchtblumen: Alle Blumen nehmen an dieser Orgie der Farben und Formen teil. Denn sie sind entschieden fotogen und eignen sich für die unterschiedlichsten Kompositionen. Für religiöse und weltliche Feste. Öffentliche und private. Unter den Blumenliebhabern gibt es solche, die sie nur in

Einleitung

ihrem Lebensraum bewundern wollen, ohne den Wunsch zu haben, sie zu besitzen, und solche, die die einzelne Blume als Teil einer sehr viel komplexeren Komposition sehen, in der verschiedene pflanzliche Elemente sich zu einer neuen Einheit verbinden, die das Ergebnis menschlicher Eingebung ist. Wie die Moden wechseln auch die Vorlieben für eine bestimmte Art häufig, aber eine Blume genießt eine beinahe einmütige Wertschätzung: die Rose. Dies vor allem seit dem 19. Jahrhundert, als die Botaniker begannen, zahllose sich in Form und Farbe unterscheidende Sorten zu züchten. Und die Erfolgsgeschichte der Rose ist noch lange nicht zu Ende. Ihren Blüten werden zahllose, bisweilen auch widersprüchliche

Einleitung

Bedeutungen zugeschrieben, sicher ist jedoch, dass keiner anderen Blume so viel Aufmerksamkeit geschenkt worden ist. Doch die Welt der Blume ist eine Welt, in der es ständig gärt, neue Arten und Varianten lösen einander ab, und die Überraschungen nehmen kein Ende. Denn die Natur ist eine unbegrenzte Palette und ihre Hervorbringungen sind praktisch unerschöpflich.

27 • Ein fleischfressender rotäugiger Laubfrosch wartet auf einer tropischen Blume auf Beute.

28–29 • Der schwimmende Markt von Srinagar in Indien.

30–31 • Ein eleganter gepflegter Garten mit weißen Rosen.

32–33 • Ein blühender Balkon auf dem Land bei Salzburg in Österreich.

34–35 • Rosenstrauß auf dem Amsterdamer Albert Kuyp Market in Holland.

BLÜHENDE NATUR

Blühende Chrisanthemum maximum.

Einleitung Blühende Natur

Ein Garten kann betrachtet oder gelebt werden. Manchmal verlangen seine Formen und die Zartheit seiner Arten eine besondere Aufmerksamkeit, und er wird betrachtet, vielleicht von einer Terrasse oder einem Aussichtpunkt aus. Aber dort, wo die Natur „natürlich" ist, lädt der grüne Raum zum Besuch ein, und die Gartenwege verschwinden fast in der Vegetation. Und doch sind sie da, zwischen einem Baum und einem Teich, wo eine kleine Senke den Besucher einlädt, einer Richtung zu folgen. Übrigens ist der Garten vielleicht gar nicht die Domestizierung der Wälder und Forste und der Pflanzenwelt allgemein. Und mit dem Verschwinden der Zäune und der Abgrenzungen zwischen den geschützten und den natürlichen grünen

Einleitung Blühende Natur

Räumen wird die „natürliche“ Natur immer stärker mit der „künstlichen“ eins, und Zuchtblumen und Wildblumen mischen sich. Pflanzen und Blumen erscheinen wie zufällig angeordnet, mit jenem Hauch von Chaos und Unlogik, die nur das Ergebnis eines großen Plans sein können. Mit der Zeit wurde der Mensch der geometrischen Experimente des „italienischen“ Gartens überdrüssig und entdeckte die „natürliche“ Natur wieder. Befreit vom humanistischen Gedankengut, will er die Natur nun nicht mehr zähmen, sondern lediglich sanfter und anmutiger machen und dem idyllischen Bild annähern, das die romantische Malerei entworfen hat. Mit der Verwandlung des Gartens in einen romantischen Raum verschwinden die Beete, und die Natur

Blühende Natur
Einleitung

und der Garten — ihre höchste Vollendung — bekommen ein immer zufälligeres Aussehen. Auch die Arten, die in ihm angepflanzt werden, ändern sich und verleihen dem Garten ein natürliches und bisweilen wildes Aussehen. Aber nur scheinbar, denn hinter diesen Anlagen steht das aufmerksame Auge des Landschaftsarchitekten, der auswählt, was er wo pflanzt. Doch gerade in den Gärten mit Wildblumen kommt die Natur strenger zum Vorschein, da sie die Versetzung der Natur in einen abgegrenzten Raum zur Freude der Besucher sind.

41 • Blühende Orchidee.

42–43 • Klatschmohnfeld auf den Monti Sibillini in Umbrien.

44 • Kamille, Klatschmohn und andere Feldblumen.

44–45 • Eine Klatschmohnblüte in einem Lavendelfeld.

46–47 • Ein blühendes Feld im Spätfrühling, wenn auch die letzten Knospen geöffnet sind.

48–49 • In der Nähe von Modena hebt sich ein Aprikosenbaum vor dem tiefen Gelb eines Rübenfelds ab.

50–51 • Blühende Hügel im Antelope Valley in Kalifornien.

51 • Ein Lupinenfeld (engl. *bluebonnet*) in Texas.

52–53 • Blühende Wildnis in Australien.

54 • Das Violett ist eine häufige Farbe auf wildblühenden Wiesen.

55 • Eine Margerite neben einem kräftig violetten Salbei.

56–57 • Eine kalifornische Talebene mit Goldmohn (gelb) und anderen Wildblumen.

58–59 • Das tiefdunkle Orange des Goldmohns überzieht eine blühende Talebene in Kalifornien.

60–61 • Blau, rot, gelb: rasche Pinselstriche eines Wildblumenfeldes.

62–63 • Das Violett beherrscht die Felder bei Silverton in Oregon.

63 • Blühende Astern.

64–65 • Ein Sonnenblumen- und Lupinenfeld.

66 • Ein sehr kräftiges Blau ist typisch für den Frühlings-Enzian, eine der ersten Blumen, die nach dem Winter in den Alpen blühen.

67 • Ein Wald in Surrey, in England, mit hyazinthähnlichem Blaustern.

68 • Eine *Iris marsica* auf den Monti Sibillini in Umbrien.

68–69 • Anemonen blühen im Unterholz.

70 • *Soldanella minima* oder Alpenglöckchen im Majella-Nationalpark in den Abruzzen.

71 • Eine natürliche Kombination von Zwerg-Kornelkirsche und Farn.

72 • Christrosen im Unterholz eines Buchenwalds.

72–73 • Eine *Bucaneve galanthus nivalis* in einem umbrischen Wald.

74–75 • Krokusse in einem Wald auf dem Monte Nerone in der Lombardei.

75 • Nieswurz oder Christrose in einem Wald in Nordamerika.

76–77 • Das flammende Violett des Leberblümchens kontrastiert mit dem Grün der Blätter, die es umhüllen.

78 • Blühende *Hepatica nobilis*, besser bekannt als „Leberblümchen".

79 • Schlaffer Stiel und hängende Blüte kennzeichnen diesen Nelkenwurz (*Geum rivale*).

80–81 • Blütenpracht am Ufer eines Bachs in Oregon.

81 • Eine zarte zweifarbige Orchidee in Umbrien.

82 • Alpenveilchen blühen in einer bemoosten Astgabel.

83 • Blühende Glockenblumen in einem Garten in Nordeuropa.

84–85 • Blühendes Unterholz auf dem Monte Cucco in Umbrien.

85 • Blühende Margeriten um einen vertrockneten Baumstamm.

86 • Baldrianfeld auf den Monti Sibillini in Umbrien.

86–87 • Hunderte von Veilchen blühen im Schatten des Unterholzes.

88 • Blühendes Tal am Fuß der Rocky Mountains in Kanada.

88–89 • Mohngewächse heben sich vor dem Schnee der Provinz Alberta in Kanada ab.

90 • Frühlingsblüten am Fuß des Mount Rainier im Staat Washington.

91 • Bunte Lupinen blühen im Staat New England.

Ein Hügel mit *Lilium alpinum* auf den Monti Sibillini in Umbrien.

94 • Im Hochsommer blüht eine Edelweißstaude im Apennin der Abruzzen.

95 • Die weichen filzähnlichen weißen Blütenblätter machen das Edelweiß unverwechselbar.

96 • Einige *Campanula alpestris* sprießen auf dem Gestein der Monti Sibillini in Umbrien.

96–97 • Blütenpracht am Ufer eines Bachs in den Pyrenäen in Spanien.

Blühende Krokusse auf dem Gran Sasso in den Abruzzen.

100 • Zwei Exemplare von Alpenmannstreu.

101 • Das Alpenmannstreu, *Eryngium alpinum*, zeichnet sich durch sternförmige Blätter aus.

102 • Zwei Exemplare der *Cistus salviaefolius* am Trasimenischen See in Umbrien.

102–103 • Typisch für den Mittelmeerraum ist die Graubehaarte Zistrose, deren üppige Blütenpracht leider nach einem Tag verwelkt.

Aus einem
dichten Strauch mit
nadelförmigen Blättern
sprießt eine kleine
violette Blume.

106–107 • Eine *Orchideae sambucinae* auf dem Gran Sasso in den Abruzzen.

107 • Ein Kleiner Winterling, *Eranthis hyemalis*, erblüht während der Schneeschmelze auf dem Gran Sasso in den Abruzzen.

108 • Die *Pulsatilla vernalis* blüht zwischen April und Juni in großer Zahl.

109 • Der Alpenschnee verbirgt eine Christrose mit ihren typischen grünen Blättern.

110–111 • Blühende Hortensien über der Grünen und Blauen Lagune auf der Azoreninsel São Miguel. Leider bedroht diese sich stark ausbreitende, aus Asien eingeführte Pflanze das lokale Ökosystem.

112–113 • Mediterrane Macchia in Porto Greco auf Sardinien.

114–115 • Wildblumen an der Küste Sardiniens.

Strohblumen blühen auf der Insel Capraia vor der toskanischen Küste.

118 u. 118–119 • Dichte Blütentupfer an der Küste der Isola di Budelli bei Sardinien.

120–121 • Ein blühendes Feld auf der Isola dei Gabbiani bei Sardinien.

122–123 • *Abronia villosa* im Joshua Tree National Park in Kalifornien.

Abronia villosa und *Oenothera deltoides* im Joshua Tree National Park in Kalifornien.

126 • Blühende Kakteen auf den Bergen Nevadas.

127 • Landschaft mit Kakteen im Organ Pipe National Park in Arizona.

Blüten des Kaktus *Opuntia basilaris* in Arizona: „stachlige“ Pflanzen wie die Kakteen bringen unglaublich zarte Blüten hervor.

130 ● Die Indische Zwergfeige gedeiht in verschiedenen Mittelmeerregionen.

131 ● Tausende von Blüten des Goldmohns übersäen den trockenen Boden des Organ Pipe National Park in Arizona.

132–133 • Zwischen den Stacheln eines Kaktus zeigen sich violette Blüten.

134–135 • Blühende *Opuntia bigelowi* in der Sonora-Wüste in Arizona.

136 • Auffällige Kaktusblüten im Capitol Reef National Park in Utah.

137 • Rote Blumenkronen und gelbe Stempel zwischen den Stacheln eines Kaktus.

138 • Zwischen Mai und Juni erblühen die Blüten des Saguaro-Kaktus im Süden der USA.

139 • Blüte zwischen den Stacheln einer *Opuntia bigelowi* in der Anza-Borrego-Wüste in Kalifornien.

140 • Im Frühling blüht ein Kaktus in einem Wüstengebiet in Utah.

140–141 • Die typischen gelben Blüten des *Barrel cactus.*

142–143 • Große Seerosen bedecken die Oberfläche eines Sees im Pantanal in Brasilien.

143 • Die Lotosblume zeigt eine zarte Abtönung ihrer Blütenblätter vom Weiß bis zum zarten Rosa.

144 • Im Archipel von Guadeloupe ist, wie in der ganzen Karibik, die *Alamanda* weit verbreitet.

145 • Die Blüten des Frangipani mit ihrer wachsartigen und stark duftenden Oberfläche sind ein normaler Anblick in den Tropenregionen.

146 • Die *Rafflesia arnoldi*, 1818 auf der Insel Sumatra in Indonesien entdeckt, besitzt die größte Blüte der Welt mit einem Duchmesser von mehr als einem Meter.

147 • Die Orchideen der subtropischen Gebiete sind die schönsten Vertreter dieser äußerst reichen und komplexen Familie.

Eine einsame Lilie ragt aus der wilden Vegetation.

150 • Eine Orchidee mit weinroten Blütenblättern.

151 • Eine *Ophrys apifera*, eine wunderschöne Orchidee mit violetten Blütenblättern.

Die Nuancen der Blüten innerhalb der Skala der Rot-Töne sind am auffälligsten und locken bestäubende Insekten und Vögel an.

Trügerisches Aussehen: Eine *Tamburissa* zeigt auf Madagaskar ihre reife Frucht, die einer offenen Blüte ähnelt.

156 • Eine *Aristolochia* im Henry-Pitter-Nationalpark in Venezuela.

157 • Eine flammende *Aristolochiacea*, bekannt als „*ginger red torch*", blüht auf der karibischen Insel Trinidad.

158 • Im Schatten des Waldes leuchten Blüten der Clivie zwischen großen dunklen Blättern.

159 • Eine *Protea cynaroides* auf Maui, einer der Hawaii-Inseln.

160 • Strahlenförmige Blütenblätter und Stempel verleihen der *Passiflora amethystina* eine perfekte Symmetrie.

161 • Eine herrliche, in Südafrika gezüchtete Hybrid-Iris aus Louisiana.

Zwei Blüten des *Eucalyptus nutans* an der australischen Westküste.

164 • Eine Orchidee *Cattleya triana* in Costa Rica, wo sie weit verbreitet ist.

165 • Wilde Frangipaniblüten auf den Seychellen.

166 • Im Archipel von Guadeloupe ist die Insel Marie Galante für ihre zahlreichen Wildblumen berühmt.

167 • Eine violette Orchidee Malaysias, wo es zahllose Sorten in der Natur wie im Treibhaus gibt.

168 • Eine wunderschöne weiß-rote Orchidee aus Sri Lanka.

169 • Die *Passiflora edulis* ist den meisten als „Passionsblume“ bekannt.

BLÜTEN MEERE

Ein buntes Tupenfeld auf dem Land in Holland.

EINLEITUNG Blütenmeere

Die Gärten sind Mikrokosmen, in denen zahlreiche Beispiele gezähmter Natur versammelt werden. Pflanzen und Blumen, die sonst in unterschiedlichen Formen oder Gebieten wachsen würden, werden in vom Menschen bestimmte Gegenden und Milieus eingeführt. Die den Gärten angegliederten Gewächshäuser, die extremste Ausprägung der „künstlichen“ Natur, sind mit ihrem an keine Jahreszeit gebundenen Blühen reinster Exotismus. Die neuen Arten werden Gegenstand von Stolz und Bewunderung. Sammler, Ausstellungen und die Orte, die sie beherbergen, werden immer zahlreicher. Und die Leidenschaft ist nicht neu, bereits 1574 bittet Alfonso d’Este, Herzog von Ferrara, Mehmet Pascha in einem Brief nicht nur um die Unversehrtheit seiner Kaufleute, sondern auch um „die Samen […] aus denen Blumen entstehen, um sie in den Gärten auszusäen“. Und es kommen Flieder, Hibiskus, Tulpen, um nur die bekanntesten Arten zu nennen. Das Bedürfnis, sie wissenschaftlich zu katalogisieren und mit ihnen zu experimentieren, ließ die Gärten der Arzneipflanzen entstehen. Immer wieder wurde versucht, dem botanischen Wissen der Zeit in Abhandlungen eine organische Form zu geben. Die Arten werden katalogisiert zusammen mit Anleitungen zur Akklimatisierung, vor allem aber mit einer wachsenden Flut von Ratschlägen, wie man alte und neue Arten in den Gärten am besten kombiniert, auch auf der Basis der mit ihnen verbundenen Symbolik. Der erste botanische Garten Europas wird 1545 in Padua auf Anordnung des Senats der Serenissima Repubblica von Venedig gegründet, die in großem

Blütenmeere

Einleitung

Ausmaß Pflanzen aus dem Orient importiert. 1591 waren in den komplexen Beeten gut 1168 Arten angepflanzt. Wenige Jahre zuvor wurde in England *The Herbal or Generall History of Plantes* von John Gerard gedruckt, die Bibel für die Planer europäischer Gärten und die Summe des botanischen Wissens der Zeit. Mit dem Bau des Crystal Palace für die Great Exhibition schließlich, die 1851 im Hyde Park in London stattfand, bekam die „künstliche“ Natur ihren Tempel und damit auch zahlreiche Anhänger. So haben die gezüchtete Blume und Pflanze Eingang in die Häuser aller gefunden. Eine Leidenschaft über alle ideologischen Schranken hinweg. Eine friedliche Eroberung. Die Natur gehört allen. Auch die „künstliche“.

Eine sympathische Vogelscheuche wacht über ein Sonnenblumenfeld.

176–177 • Dahlien in den beliebtesten Farben des Marktes.

177 • Rot- und Violetttöne, leuchtend gelbe Stempel: Die Natur liefert der Kunst des Blumenbindens zahlreiche Anregungen.

178 • Eine Gruppe roter Azaleen, die in Europa und Amerika sehr beliebt sind.

179 • *Cluster amaryllis*, eine Art kleiner Busch mit zahlreichen Blüten.

Primeln (links) und im Treibhaus gezüchtete Hyazinthen (oben).

182 • Eine Akelei, auch „vollkommene Liebe“ und „verborgene Liebe“ genannt.

183 • Eine purpurfarbene *Gloxinias*.

184 • Blüten im Treibhaus.

184–185 • Gelbe Narzissen.

186–187 • Blühende *Orticole*.

Effektvolle Zusammenstellung: die gelben Blüten bilden auf einem Teppich violetter Blumen durch die Ausnutzung der Extreme der Farbskala einen angenehmen Kontrast.

190–191 u. 192–193

Vom zarten Rosa bis zum tiefen Rot — die Natur scheint angesichts solcher Schönheit gleichsam zu erröten.

194–195 • Die Reinheit des Weiß dominiert das leidenschaftliche Rot in Lisse in Holland.

196–197 • Ein Feld mit Tulpen in verschiedenen Farben auf einer Blumenfarm in Mossy Rock im Staat New York.

198 • Tulpen mit weit geöffneten Blüten in den Keukenhof-Gärten in Amsterdam.

199 • Rote Tulpen auf einem Hyazinthenfeld.

200–201 • Rotweiß gestreifte Tulpen.

202–203 • Ein Feld mit Sonnenblumen, die für die Ölherstellung benutzt werden.

204–205 • Eigenartige Geometrie von Tulpenfeldern im Staat Washington.

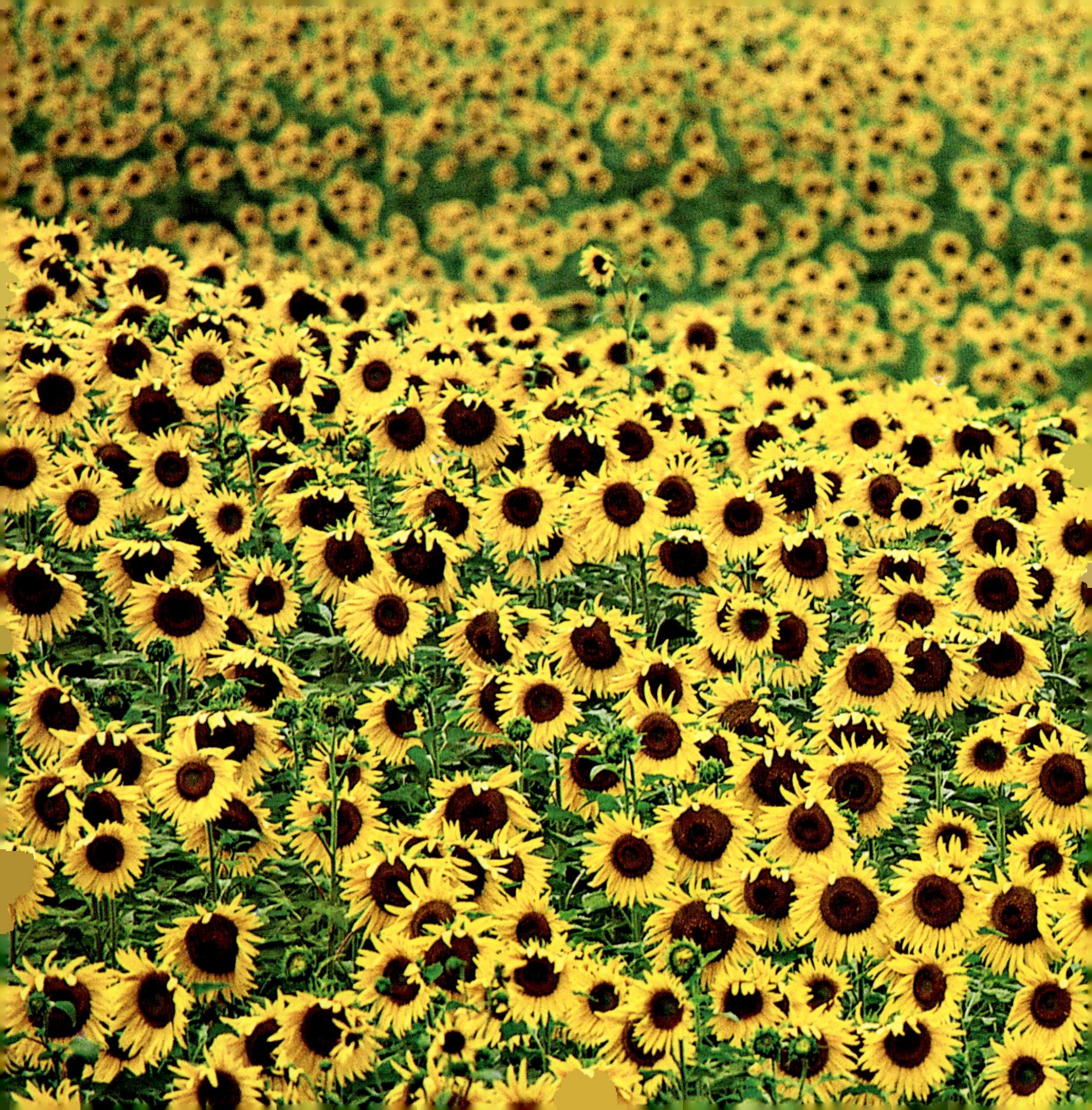

206–207 • Die aneinandergereihten Steine bezeichnen den Weg zum Meer auf einem Rapsfeld in Holland.

207 • Das Gelb beherrscht dieses Feld im Edna Valley in Kalifornien.

208–209 • Gelbe und rote Tulpen.

210–211 • Schmale und breite Streifen in verschiedenen Farben wechseln sich auf einer kalifornischen Blumenfarm ab.

212–213 • Lavendel am Rand eines Weizenfelds.

214–215 • Lavendelfelder auf den Hügeln der Provence.

216–217 • Eine einsame Mühle überragt die Tulpenfelder auf dem Land in Holland.

Iris auf einer Blumenfarm in Oregon.

- Verschiedene Sorten blühender *Clarkia* im Spätfrühling.

222 • Eine Sonnenblumenknospe kurz vor dem Erblühen.

223 • Voll erblühte Sonnenblumen.

Eine sympathische Vogelscheuche auf einem Fahrrad bewacht ein Sonnenblumenfeld.

Ein Mosaik aus Feldern und Gewächshäusern in Japan.

Bauern in Bhutan auf Feldern mit Canola-Raps (aus dem das gleichnamige Öl gewonnen wird) und Buchweizenfeldern.

230–231 • Lotosblumenfeld bei Kompong Chhnang in Kambodscha.

231 • Feld mit roten Lotosblumen.

BLUMEN FENSTER

- Ein blühender Balkon auf der Isola di Panarea in Italien.

EINLEITUNG Blumenfenster

Fenster und Balkons, Quellen der Luft und des Lichts, Öffnungen auf die Welt, aber auch Scheidewände, die zwei Welten trennen, die äußere, öffentliche der Straße oder des Platzes, und die innere, private und heilige. Sie sind konkreter Ausdruck des Bedürfnisses des Menschen, seinen Mitmenschen zu begegnen, die ihn umgebende Welt zu entdecken. Sie vermitteln zwischen öffentlichem und privatem Raum und schützen zugleich die Privatsphäre der Hausbewohner. Sie sind Abschirmung und Filter, mit denen man sich schützt, durch die man aber auch beobachtet, sich zeigt und mit der Außenwelt in Beziehung tritt. Sie ermöglichen Schutz und Anteilnahme. Im ganzen Orient und in den islamischen Ländern öffnen sich nur wenige und schmale Fenster zur Straße. Und sie sind ver-

EINLEITUNG Blumenfenster

borgen hinter Gittern oder den klassischen Fensterläden, die die Frauen des Hauses daran hindern, sich den Fremden zu zeigen. Im Westen dagegen wird das Fenster stolz gezeigt und geschmückt. Einfache Öffnung oder prächtiges Stilelement, trägt es gleichberechtigt zur Gestaltung der Fassaden bei. Ebenso wie seine Ausschmückung, auch mit Blumen, etwa durch Hängepflanzen, die als Gartenersatz dienen. Die geschützten Gärten sind ein Privileg des Mittelstands oder der wohlhabenden Schichten, ein blühendes Fenster jedoch kann sich jeder leisten. Und alle können ihrer Kreativität freien Lauf lassen, indem sie verschiedene Arten miteinander kombinieren, die jeweils zum richtigen Zeitpunkt blühen. Neben der Kultur eines Volkes haben schon immer auch das Klima, die Son-

Blumenfenster

Einleitung

neneinstrahlung, Techniken und Materialien die Form der Hauswände beeinflusst. Fenster und Balkons sind eigentlich Leerstellen, die nur durch ihre Position, ihre Form und ihre Ausschmückung Bedeutung bekommen. Die Blume und die Pflanze schmücken, verleihen Farbe, schirmen ab und beleben, alles zur gleichen Zeit. Gott empfahl Noah, eine Öffnung in die Arche zu machen, durch die die Taube der Hoffnung hinausfliegen könne, und in der Bibel wird daran erinnert, dass es zur Zeit Salomons wie beim Tabernakel breite Fenster nach innen und schmale nach außen gab. Das Fenster ist ein wesentliches Element, das sich wunderbar mit der Blume verbindet, einer anderen unverzichtbaren Leidenschaft des Menschen.

• Ein Balkon mit blühenden Geranien am Fuß des Monte Civetta im Veneto.

238 u. 238–239 • Traditionelle, mit blühenden Blumen belebte Häuser in der Schweiz (unten) und in Deutschland (rechts).

240–241 • Kaskaden von Geranien, Pelargonien und Fuchsien verbergen beinahe vollständig ein Bauernhaus in Süddeutschland.

242–243 • Ein altes Haus in Latium, dessen Balkon rosa und rote Geranien schmücken.

243 • Kleiner blühender Balkon in Marostica im Veneto.

244 • Blühender Balkon in dem Badeort Bath in England.

245 • Die Blumen bedecken fast die ganze Fassade eines römischen Hauses.

246–247 • Ein Beispiel für botanische Sammelleidenschaft in Córdoba in Spanien.

248 • Die elegante, französisch inspirierte Kolonialarchitektur des Royal Cafe in New Orleans in Louisiana.

248–249 • Vasen mit Petunien *Surfinia* schmücken einen Balkon in New Orleans.

Um ein Haus anziehend zu machen, genügt die schlichte Schönheit von Blumen, wie diese Vase, die geschickt in eine nackte Mauer integriert ist (oben), oder der unglaubliche Blickfang, den der Kontrast zwischen dem Efeu und den Zierblumen darstellt (rechts).

252–253 • Kaskaden von Blumen und Pflanzen auf einem Balkon im historischen Zentrum von Anguillara in Latium.

254–255 • Ein Triumph des Blumenschmucks in Salzburg in Österreich.

23
Dorfheimerstraße

Eine bunt blühende Fassade in Kantabrien in Spanien.

258 • Blühender Hibiskus streckt sich von einer Terrasse aus der Sonne entgegen.

259 • Ein einzigartiger Kontrast zwischen der dauerhaften und der vergänglichen Schönheit: Ein Telamon stützt einen blühenden Balkon im Zentrum von Genua in Ligurien.

• An einem historischen Haus in Oberbayern wechseln sich religiöse Fresken mit blühenden Fenstern ab.

Johannes

Blumenkaskaden und Blumengalerien betonen den mediterranen Charakter eines Küstendorfs auf Gran Canaria, Spanien.

OVIE

- Ein Akkordeonspieler übt in einer reich mit Petunien und Geranien geschmückten Umgebung.

266 • Die Bougainvillee nimmt auf gefällige Weise jede Umgebung in Besitz, in der sie gepflanzt wird, hier eine Fassade in Menton in Frankreich.

267 • Das berühmte Licht Südeuropas, hier im Süden Spaniens, würde ohne die so prächtig mit Blumen geschmückten Balkons weniger hell leuchten.

268–269 • In Cartagena in Kolumbien bringen die Fassaden mit ihren leuchtenden Farben die Blütenpracht der Loggien wirkungsvoll zur Geltung.

270–271 • Das schwedische Weiß des Hauses bringt die blühenden Balkons eines Cottage in Sunne gut zur Geltung.

272–273 • Die Sonnenblumen machen die Umgebung zweitrangig: Auch eine recycelte Büchse in einem nackten Rahmen verwandelt sich in ein angenehmes Stilleben.

WARNING

274 • Terrakotta oder Holz, das Gefäß spielt keine Rolle, da die Blumen die Aufmerksamkeit auf sich ziehen.

275 • Eine Vase mit *Wisteria* und *Kerria* präsentiert sich elegant in einem Fenster.

276–277 • Ein „hängender Garten“ an der Piazza Navona in Rom.

277 • Zurückhaltender Blumenschmuck an einem Heiligenbild in Prag.

278–279 • Die „Blumenwände“, hier aus Petunien, Springkraut und Lobelien, halten auch indiskrete Blicke ab.

Koppen

Schilder und historische Häuser, geschmückt mit den unvermeidlichen Geranien, lassen die Zeit stillstehen in den Dörfern Bayerns.

HERCULES

282–283 • Blumenkaskaden scheinen sich in Dinkelsbühl in Bayern auf die Fahrräder zu ergießen, die an der Wand lehnen.

284–285 • Ein Eckfenster im Allgäu in Bayern mit Frühlingsblumen.

EIN FREUND IM GRÜNEN

Ein grüner Kolibri in den Wäldern Costa Ricas.

EINLEITUNG Ein Freund im Grünen

Der Mythos vom Garten Eden wird allmählich vom Mythos Arkadiens abgelöst, einem klassischen, von Vergil erfundenen Mythos, der mit der Renaissance wiederauflebte. Zunächst ist er eine literarische Mode, aber gegen Ende des 17. Jahrhunderts erobert er die bildenden Künste, und die Gartenarchitekten verlieben sich in diese Art von weltlichem Paradies mit Grotten, Ruinen und Tempelchen, das von Flöte spielenden Schäfern, Satyrn und Nymphen bevölkert wird, deren unbestrittener Herr der an seinen Bocksbeinen erkennbare Gott Pan ist. Die Fauna gerät ins Zentrum wissenschaftlichen und ästhetischen Interesses, wird aber auch das Opfer der endlosen Jagdpartien, die sich bei den Adligen der damaligen Zeit so großer Beliebtheit erfreuen.

EINLEITUNG Ein Freund im Grünen

Diese gestalteten Räume, die gleichwohl dem natürlichen Wald vergleichbar sind, bilden das notwendige Gegenstück zu den ausgetüftelten Beeten der echten Gärten und sind die Vorboten der romantischen Parks des 18. und 19. Jahrhunderts. Doch wenn man sich in diese Makrokosmen von Blumen und Sträuchern vertieft, entdeckt man einen fantastischen Mikrokosmos, in dem eine chaotische Ordnung herrscht. Die der Natur. Mit all ihren Hauptpersonen, Nebendarstellern und Statisten. Insekten aller Art, die Blumen und Pflanzen sowie das Unterholz des Gartens bevölkern und ihren Fortbestand sichern. Aber nicht nur, denn dank eines komplizierten hierarchischen Systems wird auch das Gleichgewicht zwischen den Arten aufrechterhalten. Während wir die Schönheit

Ein Freund im Grünen

Einleitung

dieser empfindlichen Orte genießen, arbeiten Tausende kleiner Wesen emsig für uns. Vielleicht kämpfen sie auch mit den Feinden, die von Zeit zu Zeit das Gleichgewicht des Gartens gefährden. Ein Arkadien eben, viel grausamer als dasjenige Vergils, aber auch echter und hinterhältiger. Eine Welt, die nur dank der Makrofotografie sichtbar, nur unter dem Vergrößerungsglas des Fachmanns erfahrbar ist oder dank der Engelsgeduld des leidenschaftlichen Liebhabers. Ein lebendiger Mikrokosmos, der uns ungeahnte Emotionen schenkt, wenn die Entdeckerfreude allmählich dem Staunen weicht, dass ein so abwechslungsreiches und bisweilen so bizarres Milieu unvermeidlich auslöst.

• Ein afrikanischer Frosch auf einer Blume im Akagera-Nationalpark in Ruanda.

292 • Die winzigen Kolibris haben eine sehr wichtige Funktion für die Blumen: Sie sammeln Blütenstaub, den sie zur nächsten Blume mitnehmen, wodurch sie diese bestäuben.

293 • Ein Kolibri sammelt Nahrung an einem „Feuer-Ingwer“ in Costa Rica.

294 • Der Nektar der Blumen ist die Hauptnahrung der Kolibris.
Die tropischen Blumen sind alle sehr saftig und nahrhaft.

295 • Ein Kolibri sammelt Nahrung an einer *Cavendishia bracteata*.

296 • Ein Kanarienvogel mit gelber Brust auf der Suche nach Nektar, den Kopf nach unten.

297 • Ein Zaunkönig auf Insektenjagd auf dem Stiel eines Doldengewächses.

298 • Ein Nachtfalter umschwirrt eine *Silene dioica*.

299 • Ein Nachtfalter kurz vor dem Aufsetzen auf eine *Lonicera periclymenum* auf der Suche nach Nektar.

300 • Die wunderschönen bunten Flügel tarnen die für Malaysia typische *Junonia orithya* nicht auf den Blumen, von denen sie sich ernährt; ihr Schutz sind die dunkelorangen Augenflecken, die den Augen eines Raubtiers ähneln.

301 • Eine *Melanargia galathea* mit schwarzweißen Flügeln sitzt auf einer Knopfblume.

302–303 • Leichte gefleckte Flügel heben sich von einer tiefvioletten Iris ab.

303 • Ein Schmetterling saugt den Nektar einer Aster.

304 • Die Farbe ist vielleicht der wichtigste der „Köder“, die die Blumen benutzen, um die Insekten anzulocken, die den Fortbestand der Art garantieren.

305 • Ein Schmetterling im Gleichgewicht auf dem Stempel einer Blume.

306 • Eine männliche *Anthocharis cardamines* auf einem Hennastrauch.

307 • Eine *Lysandra bellargus* hat sich auf eine Gelbe Minze (*Pulicaria dysenterica*) gesetzt.

308 • Die Schönheit der *Inachis io* wird durch den Kontrast mit den Margeriten noch betont.

309 • Ein Schmetterling ruht sich auf violetten Margeriten aus.

310–311 • Eine Libelle fliegt dicht über dem Wasser, bereit, auf ihrem Ziel zu landen: einer Seerose.

312 • Das Bedürfnis nach Nektar ist für diese Biene, die von einer Krabbenspinne gefangen wurde, tödlich gewesen.

313 • Eine Springspinne stürzt sich auf eine Schwebfliege, die sich gerade auf eine Blüte gesetzt hat.

314 • Ein Schmetterling sammelt Nektar aus den Blüten der *Buddleja*.

315 • Eine Hummel schlüpft aus einer *Geum rivale*, nachdem sie den Nektar gesammelt hat.

316 • Eine große Dahlie empfängt eine Hummel, die sich in ihren Blütenstaub gestürzt hat.

317 • Eine mit Blütenstaub bedeckt Biene auf einer *Verbesina alternifolia*.

318–319 • Eine weibliche Hummel (eine Königin) fliegt auf die Blüten einer *Ribes sanguineum* zu.

319 • Eine Honigbiene bei der Landung auf einer Blume.

320 • Obwohl die Pollenkörbchen gefüllt sind, besucht die Hummel noch einen größeren Feldrittersporn.

320–321 • Mit ihrem Rüssel bohrt eine Hummel den Blütenboden eines Feldrittersporns an.

Eine Fledermaus *Microchiropterus pusillus* fliegt auf die Blüte eines *Kigelia pinnata* zu, der unter dem lustigen Namen „Leberwurstbaum“ bekannt ist. Anders als man glaubt, sind nicht alle Fledermäuse Insektenfresser; manche, wie die *pusillus*, ernähren sich von Früchten, Blütenstaub und Samen.

324 • Eine Fliege streckt den Rüssel nach dem Staubblatt (männliches Sexualorgan der Blumen) einer *Rhingia campestris* aus.

325 • Ein Käfer sucht Nahrung. Die meisten dieser Insekten nehmen pflanzliche Nahrung zu sich, wobei sie die Blume von der Wurzel bis zu den Blütenblättern nutzen.

Die Goldskarabäen, hier auf den Blüten einer wilden Mohrrübe (oben) und einer roten Distel (rechts), ernähren sich von Pflanzen, sind aber heute so selten geworden, dass sie nicht mehr als schädlich für die Landwirtschaft angesehen werden können.

Eine Schnecke *Cernuella virgata* (oben) und eine Raupe *Papilio rutulus* (rechts): Beide ernähren sich häufig von Blumen und Pflanzen und stellen bisweilen eine Bedrohung für Felder und Gärten dar.

Die Marienkäfer, hier auf den Blütenblättern einer *Caltha palustris* (oben) und einer Primel (rechts), sind ein Segen für die blühenden Gärten, denn sie fressen die äußerst schädlichen Blattläuse.

Marienkäfer klettern auf Blumen auf der Suche nach Beute. Nur eine Unterfamilie dieser Insekten ernährt sich von Pflanzen und ist daher ein Gartenschädling.

Ein Marienkäfer streckt sich einer Blume entgegen und stillt seinen Durst an einem Tropfen.

Die Heuschrecken (links) und die Grashüpfer (oben) zählen zu den sprichwörtlich gefräßigsten Plfanzen- und Blumenfressern.

Die fleischigen Blumen Costa Ricas locken bizarre Grashüpfer aus verschiedenen Gründen an: Der *Copiphora rhinoceros* oben ist überwiegend auf der Suche nach pflanzlicher Nahrung, während der *Lirometopum coronatum* (rechts) vermutlich auf eine Beute wartet.

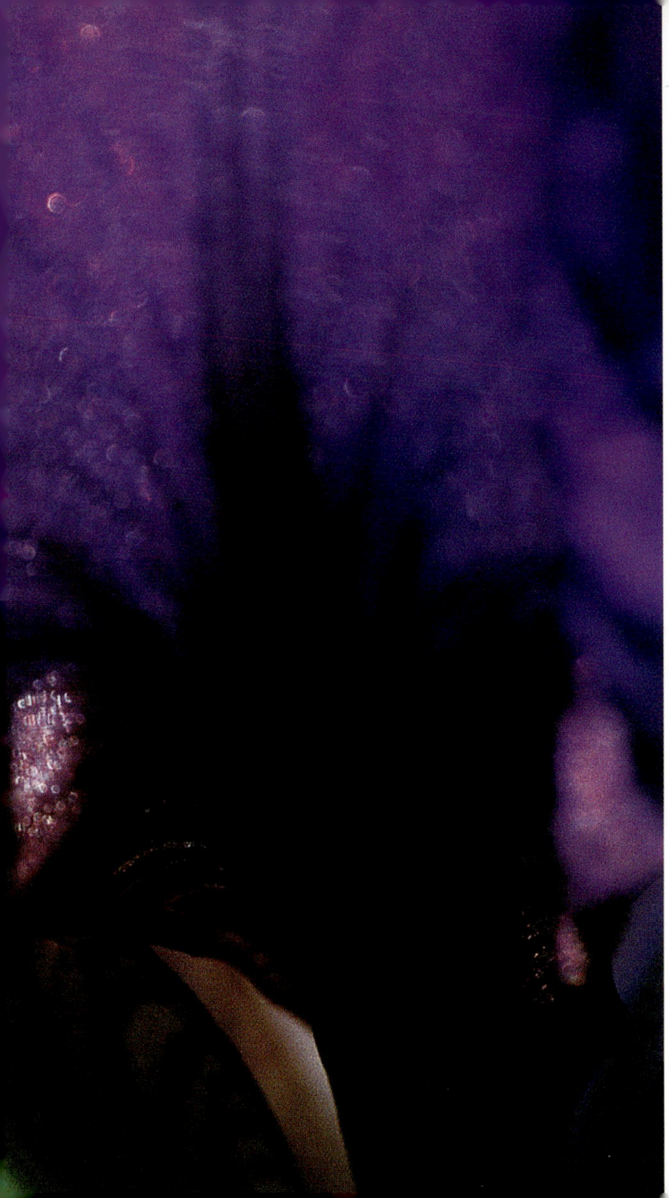

● Ein Grashüpfer in seinem Reich, zwischen saftigen Blütenblättern, Pollen und Blättern, die ihm als Nahrung und geschützer Ort für die Eiablage dienen.

Im Unterschied zu den Grashüpfern sind die Fangheuschrecken (*Pseudocreboter whalberghi*) Tansanias, oben, *Choerododis sp.*, rechts, auf einer Bougainvillee, alle Fleischfresser, weshalb sie sich auf den Blumen in den Hinterhalt legen.

344–345 • Eine Schnecke neigt auf der Suche nach Nahrung den Stiel einer *Chrisantemum maximum.*

346–347 • Eine Hausspinne erkundet eine Blütenfläche auf der Suche nach Insekten.

Überaus geschickt im Tarnen, ist die Krabbenspinne auch bekannt als „Blumenspinne“, da sie auf ihnen bevorzugt ihrer Beute auflauert.

Eine grüne Spinne (oben) hebt sich deutlich von der Farbe der Blumen ab, während die Krabbenspinne alles tut, um sich unsichtbar zu machen; es kann mehrere Tage dauern, bis sie die notwendige Farbe angenommen hat.

Fast eins mit der Strelitzie, bereitet sich das Jackson-Chamäleon darauf vor, eine Beute zu fangen.

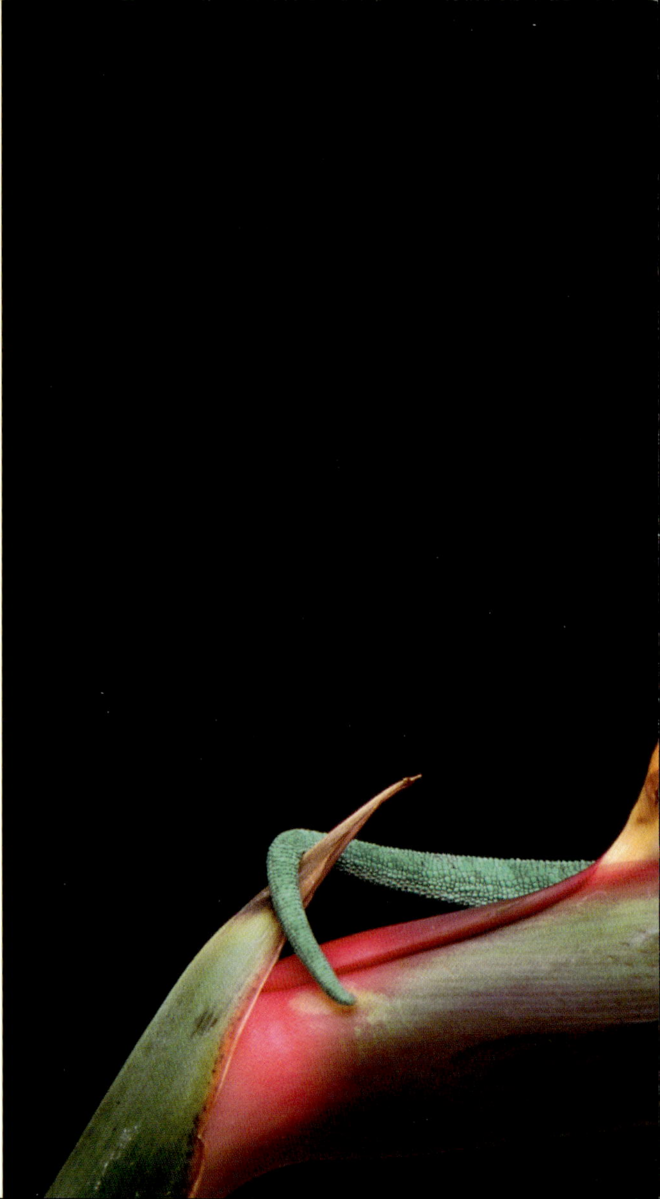

354 • Eine Alligatoreidechse aus Arizona (*Elgaria kingii nobilis*) wartet auf ihre Mahlzeit auf den weißen Blütenblättern einer Kalla.

355 • Ein Taggecko beobachtet seine Umgebung von einer Lilie des Nils aus. Dieses kleine Tier ernährt sich von Blumennektar und von Insekten.

356 • Eine um einen *Heisteria*-Zweig gerollte *Imantodes inornatus* macht ihrem Namen „Baumschlange“ alle Ehre, indem sie auf Bäumen ihrer Beute auflauert.

357 • Eine giftige Greifschwanzlanzenotter (*Bothriechis schlegeli*) erkundet die Blüte einer Helikonia.

Rotäugige Laubfrösche (*Agalychnis callidryas*) halten Ausschau von einer Helikonia (oben) und von der Blüte des „Feuer-Ingwer“ (rechts) aus.

• Der White-Laubfrosch (*Litoria caerulea*), auf Beutejagd auf einer Helikonia (oben), und der rotäugige Laubfrosch (rechts) nutzen vor allem die Blumen der Tropenwälder. Insbesondere der Beutel der Orchidee *Paphiopedilum* rechts dient dazu, Insekten zu fangen.

Die Robustheit der tropischen Blumen wie der Bromeliazeen bietet ideale Landplätze für die jagenden Laubfrösche, hier zwei rotäugigen Laubfröschen.

364 u. 365 • Die Namen der Laubfrösche wie des giftigen *Dendrobates pumilio* („Zweigkletterer“) oben und des rotäugigen Laubfroschs verdeutlichen ihre absolute Abhängigkeit von der Tropenflora.

Auch wenn der Hinterhalt ungewöhnlich ist, scheint dieser Laubfrosch sich in einer Dahlie wohlzufühlen.

EINE WELT AUS ROSEN

• Die Blüte einer roten Rose bildet einen Strudel um die sichtbaren Staubbeutel, die den Pollen enthalten.

EINLEITUNG Eine Welt aus Rosen

Zu Beginn des 17. Jahrhunderts bricht in Holland der Tulpenwahn aus. Damals ist die Tulpe eine exotische Blume und wird plötzlich die Leidenschaft eines jeden Gartenbesitzers. Im goldenen Jahrhundert des holländischen Bürgertums werden Gesellschaften gegründet, um die neue Blume zu vermarkten, die in allen Farbvarianten in den Handel gebracht wird. Im 19. Jahrhundert wird dann die Kamelie die Blume schlechthin der Gärten Europas. Fast zweihundert Sorten werden gezählt. Aus Ostasien stammend (Korea, China, Japan), wird sie zunächst importiert, um Tee aus ihr zu machen, aber schon bald fasziniert sie Botaniker und Sammler wegen ihrer

- Die Teerose, eine der verfeinertsten Rosen, blüht zwischen Juni und Oktober.

EINLEITUNG Eine Welt aus Rosen

Blüten. Die Rose dagegen verbreitet sich erst im 19. Jahrhundert. Bereits erwähnt von den Ägyptern, Griechen und Römern, die sie als Schmuck verwendeten und das aus ihr gewonnene ätherische Öl für Parfums benutzten, spielte sie jahrhundertelang keine Rolle in den europäischen Gärten. Im 19. Jahrhundert jedoch bricht sich die Leidenschaft für diese Blume Bahn, und sie erfreut sich bis heute immer größerer Beliebtheit. In der ersten Hälfte des 19. Jahrhunderts wird die Rose in Rosengärten kultiviert und dann in den romantischen Gärten mit unbekümmerter und gespielter Zufälligkeit gepflanzt. Die Veröffentlichung des Buchs *Les roses* des belgischen Malers Pierre-Joseph Redouté, des „Raffaels der Blumen“, im Jahre 1824 steigert die Beliebtheit der Blume beträchtlich.

EINLEITUNG Eine Welt aus Rosen

Das Buch ist eine fantastische Anthologie von 170 Rosen, gemalt mit wissenschaftlich-botanischer Genauigkeit und der Feinheit eines romantischen Künstlers. In der Folge erscheinenen zahlreiche weitere Veröffentlichungen, und der Erfolg der Rose ist nicht aufzuhalten. Vielleicht weil sie seit jeher fasziniert oder mehr noch wegen ihrer vielfältigen Symbolik. Dem Mythos zufolge hat sie von Venus ihre Schönheit und von Dionysos ihren Duft erhalten. Die griechische Dichterin Sappho nannte sie die Königin der Blumen, Kleopatra empfing Antonius auf einem Teppich aus Rosen, und Julius Cäsar liebte es, sich eine Rosenkrone aufs Haupt zu setzen, Nero und Poppäa gaben sagenhafte Summen aus, um ihren Palast mit dieser Blume zu schmücken, und Joséphine Bonaparte schuf den berühmtesten Rosengarten ihrer Zeit. Heute ist die Rose unverzichtbarer Bestandteil eines jeden Gartens in den gemäßigten Klimazonen. Man zählt 107 Arten und mehr als dreitausend Sorten, einschließlich der wilden und der essbaren, die scheinbar wenig mit der uns bekannten Blume zu tun haben, aber doch zur selben Familie zählen. Sie gedeihen bevorzugt auf lehmigen Böden, nicht zusammen mit anderen Pflanzen, und müssen jährlich beschnitten werden. Vor allem aber ist die Rose schon immer Symbol der Liebe. In der komplizierten Sprache der Blumen ist die Rose, besonders die rote, mit ihren samtigen Blütenblättern und ihrem berauschenden Duft das unbestrittene Symbol für Liebe und Leidenschaft.

- Ein Bogen aus Rosen empfängt den Besucher in einem Cottage in Wales.

BAY VIEW

Eine klassische Gartenrose präsentiert ihre für die gemäßigten Klimazonen charakteristische zarte Farbtönung.

Der Name dieser Rose von unglaublicher Leuchtkraft ehrt John Clare (1793–1864), den bedeutendsten naturalistischen Dichter Englands.

Die Knospe, die versucht, sich zwischen den geöffneten Blüten Platz zu schaffen, erinnert an die älteste Symbolik der Rose: die Wiedergeburt.

Die Rose ist vermutlich die Blume, die sich den Beschreibungen am hartnäckigsten entzieht: „Eine Rose ist eine Rose ist eine Rose ist eine Rose", wie Gertrude Stein schrieb und wie diese beiden Sträuße englischer Rosen beweisen.

• Die ganz besonders zarte Rose *Felicia* verträgt es nur schlecht, beschnitten zu werden.

386 • Es ist ganz natürlich, dass manche Rosen die Namen von Dichtern und Schriftstellern tragen. Diese eindrucksvolle Hybride beispielsweise ist William Shakespeare gewidmet.

387 • Eine lachsfarbene englische Rose. Es handelt sich um eine in Europa sehr verbreitete Art.

388–389 • Die englischen Rosen zeichnen sich aus durch becherförmige Blüten, die aus sehr vielen Blütenblättern geformt werden.

389 • Eine gerade erblühte Rose.

390 • Die von David Austin gezüchteten Rosen erinnern in ihrem Aussehen an die so genannten „alten Rosen", allerdings mit einer viel breiteren Farbpalette.

390–391 • Die Rose eignet sich ideal für ländlich angehauchte Präsentationen.

392 • Einige Exemplare der Rose *Charmian*.

392–393 • Ein Strauß voll erblühter englischer Rosen.

394–395 • Die hauchdünnen Blütenblätter dieser englischen Rose lassen die Narbe erahnen.

395 • Die englische Rose ist eine Kreuzung aus alten Rosen mit Teerosen.

396 u. 397 • In geeigneten historischen Umgebungen scheinen die Rosen *Scepter d'Isle* und *Snow Goose* (oben) und andere englische Rosen (rechts) das Halbdunkel zu erleuchten.

398 • Schön in ihrer Schlichtheit, ist die Rose *Rugosa alba* mit ihren dicken und sehr kräftigen weißen Blütenblättern nicht schwer zu züchten.

399 • Die in Europa weit verbreitete gelbe Rose *Happy Child* kann sich des leuchtendsten Gelbs unter den englischen Rosen rühmen.

• Zarte Rosen *White Wing*, erkennbar an den gut sichtbaren Staubbeuteln, und *Golden Celebration* mit ihrer warmen Farbe bilden einen wunderschönen Strauß.

Ein Hauch Feinheit: Der Regen der Staubbeutel der *Goldfinch* mit ihren weißen Blütenblättern verleiht der edlen *Felicia* Wärme.

Wie diese Aufnahmen zeigen, sind die Sträuße dieser Königin der Blumen so malerisch, dass sie in der Tat wirken, als hätte ein italienischer Maler des 17. Jahrhunderts sie gemalt.

• Die Blüte vieler botanischer Rosen, die sich so eng um die Geschlechtsorgane legt, dass sie sie verbirgt, kann bis zu 100 Blütenblätter zählen.

Die Auswahl von Arten (man zählt etwa 25 000 Sorten von Gartenrosen) bietet unzählige Möglichkeiten der Zusammenstellung, wie das üppige Stilleben mit englischen Rosen, Brombeeren und Äpfeln oben und das entzückende Bild rechts beweisen.

• Die 1960 gezüchtete Rose *Clair Matin* ist sehr abgehärtet gegen Trockenheit und Kälte und eignet sich ideal für große Hecken.

412 • Diese Rose trägt einen glücklichen Namen, *Timeless*, „zeitlos“, so groß ist die Freude, die sie dem Betrachter schenkt.

413 • Das Gelb der Rosen ist eine symbolische Anspielung auf die Freude, das Versprechen und die Erinnerung, aber auch die Eifersucht.

Bei den Vasensträußen sind die hinzugefügten Gräser und Blumen sehr wichtig (oben der duftige Schlitzwegerich, rechts eine Bisamgarbe).

416 • Becherförmige Blüten, nicht groß, aber perfekt in ihrer Form, sind typisch für die 1984 gezüchtete englische Rose *Heritage*.

417 • Dankbarkeit (kräftiges Rosa), Bewunderung (Zartrosa) und Begehren (Korallenrot) könnte der „Satz“ lauten, den dieser Strauß in der Sprache der Rosen ausdrückt.

• Der Begriff „Hybridisierung“ wird in der Regel negativ verstanden, aber nur dank dieses Verfahrens können wir uns an der unendlichen Vielfalt der Rosen erfreuen.

• Die roten Rosen sind vielleicht die sinnlichsten, und in der Regel drücken sie „Leidenschaft" aus.

Ein bezauberndes Eckchen in Portloe in England (links) und ein bescheideneres in Grand Coteau in Louisiana (oben). Mehr oder weniger gepflegt, schaffen die Rosen einzigartige und unwiderholbare Szenerien.

Abgesehen von ihren symbolischen Bedeutungen haben die Farben der Rosen mit der Pfanzenfaser zu tun: Die korallenroten oder orangefarbenen Rosen sind weniger widerstandsfähig als die dunklen, roten.

426 • Blühende weiße Röschen in einem Gartem in Tampere in Finnland.

426–427 • Ein streng angelegter Garten in Alderney Grange auf den Channel Islands.

Die Rosen unterscheiden sich auch durch die Zahl ihrer Blütenblätter: einfach (weniger als 8 Blütenblätter), halb gefüllt (8 oder mehr als 8), ganz gefüllt (mehr als 20) und très-double (mehr als 40).

430–431 • Ein schönes Exemplar der englischen Rose *Heritage* in der Sorte *Ausblush*.

431 • Englische *Crocus Rose*, in der Sorte *Ausquest*.

432 • Die englische Sorte *Scepter d'Isle*, eingeführt 1997, blüht von Juni bis September.

433 • Die *Octavia Hill*, gezüchtet 1993, blüht mehrmals während der schönen Jahreszeit.

Eine Rosenlaube und der berühmte blaue Himmel von Britisch-Kolumbien in Kanada bilden gemeinsam eine wenig antarktische Atmosphäre in den Butchart Gardens.

Rosenhecke in Schweden (oben) und auf der Insel Nantucket an der Küste von Massachusetts (rechts). Überall auf der Welt werden die Gartenrosen, die meist kräftige Sträucher bilden, an Zäunen gepflanzt, die sie verschönern und, nicht weniger wichtig, verstärken.

438 • Die Kletterrosen eignen sich hervorragend zur Aufwertung alter oder vernachlässigter Fassaden.

439 • Ein Rosenstrauch schmückt die Ecke eines traditionellen Hauses in Gerberoy in Nordfrankreich.

440 • Die sehr widerstandsfähige Rose *Countryman* blüht bis zum ersten Frost und hält im Winter Temperaturen von 8–9 °C aus.

441 • Die Rose *Wise Portia* hat charakteristische Spitzen an den Blütenblättern.

Eine roh verputzte Mauer in Sauternes in Ostfrankreich wird einzigartig und unwiederholbar dank der Vielseitigkeit der Rose, die hier eine zarte Kletterpflanze ist.

444 • Diese Sorte der englischen Teerose trägt einen weiblichen Namen: *Emily*.

445 • Die 1949 eingeführte Rose *Aloha* blüht von Sommer- bis Herbstanfang.

446 • Die Rose *Bonica* ist eine kräftige, sich ausbreitende Rose, die sich ideal dafür eignet, niedrige Mäuerchen und Steine zu schmücken.

447 • Die Rose *Singin' in the Rain*, die trockenes Klima schlecht verträgt, hat einen überaus treffenden Namen, da sie in der feuchten Zeit zwischen Frühlings- und Sommeranfang blüht.

- Als Strauch, als Kletterpflanze,
in die Breite wachsend,
als Bäumchen, herabfallend,
die Vielseitigkeit der Rose
als Zierpflanze ist auch ihrer
Formenvielfalt zu verdanken.

450 • Die Strauchrose *Countryman* bringt charakteristische „flache" Blüten hervor, die reich an Blütenblättern sind.

451 • Die vielen hundert Sorten der Rose unterscheiden sich auch durch Farbe und Beschaffenheit der Blätter, die häufig ledrig und tiefgrün sind.

Kletterrosen in Stockbridge in England und in Siasconset auf der Insel Nantucket an der Küste von Massachusetts.

454 • Vielleicht vor ein paar Tagen aufgeblüht, bietet eine weiße Rose in einem Garten ihre Blütenblätter der Sonne dar.

454–455 • Die *Bonica* ist an ihrer unverwechselbaren Färbung, fast als würde sie erröten, erkennbar.

• Gelbe Kletterrosen in Obidos in Portugal machen den kalten Himmel dieses Landes am Atlantik wärmer.

458 • Die Rose *Brandy*, 1981 eingeführt, bringt große Blüten von einzigartig eleganter Form hervor, die ihr den begehrten Preis All-America Rose Selection eingebracht haben.

459 • Die *Graham Thomas*, die als eine der schönsten gelben Rosen unter den modernen englischen Züchtungen gilt, ist an ihrer reinen Farbe erkennbar.

Das Cottage Großbritanniens verdankt seinen Charme zu einem Gutteil den Rosen, wie diese beiden Fassaden in den Cotswolds in England (links) und in Stradbally in Irland (oben) beweisen.

462 u. 462–463 • Rosen in Göteborg in Schweden (unten) und an einem Haus in Cernika in Slowenien (rechts): Dank ihrer unschätzbaren Qualitäten als Zierpflanze verbreiten die Rosen überall Leben und Wärme.

464–465 • Die Kletterrosen eignen sich nicht nur dazu, Wände zu schmücken, sondern auch Lauben, hier in den USA.

466–467 • *Rosa mundi* ist eine der ältesten Sorten, sie stammt vielleicht aus dem 14. Jahrhundert.

467 • Die kräftige zweifarbige *Oranges'n'Lemons* verträgt gut kaltes Klima.

468–469 • Weiße Rosen auf der zu Portugal gehörigen Insel Madeira. Diese Atlantikinsel ist Schauplatz eines bedeutenden Blumenfestes.

470–471 • Die Rosen *Leonardo da Vinci* und *Degenhard* bringen eine üppige Blütenpracht hervor.

472 • Seit den Zeiten der spanischen Kalifen sind die Rosen ein wichtiger Bestandteil des Blumenschmucks in den Gärten des Generalife in Granada.

472–473 • Kletterrosen im Rose Garden des englischen Züchters David Austin.

474 • Die gelbe, rosig-aprikosenfarbene Färbung ist für die Teerose besonders typisch.

474–475 • Eine der beliebtesten weißen Rosen, die *Iceberg*, blüht bis zum ersten Frost.

Im August, der Hauptblütezeit, präsentieren sich die englischen Gärten in ihrer ganzen Pracht.

Die Kletterrose *Climber* (oben) blüht mehrmals im Sommer und bringt große Blüten hervor, während die *Rambler* (rechts) nur einmal blüht und kleine herabfallende Blüten hat.

480 • Die Rosen *Chinatown* blühen neben *Banksia* und *Clematis* in Gunby Hall in England.

480–481 • Blühende Rosenbögen und Sträucher bilden eine eindrucksvolle Allee in Granada in Spanien.

482–483 • Natürliche Eleganz: Die Leuchtkraft einer einzelnen Rose drängt sich in den Vordergrund in den Butchart Gardens in Brendwood Bay in Kanada.

BLUMEN FESTE

• Ein mit einer Blumenkrone geschmücktes Mädchen nimmt am Mittsommernachtsfest in Skepparkroken in Schweden teil.

EINLEITUNG Blumenfeste

Die Blume ist traditionell mit festlichen Anlässen verbunden, und zwar nicht nur mit den aristokratischen Festen in den Gärten des Adels. Wenn man sich die volkstümlichen und die religiösen Traditionen in Nah und Fern ansieht, entdeckt man, dass um sie herum zahlreiche Feste „erblüht" sind, bei denen die Blume eine wichtige Rolle spielt. Manchmal werden sie zu regelrechten Bühnenbildern arrangiert, und manchmal „kleiden" sie Tänzer und Priester in Form von Sträußen, Girlanden, Kissen, Teppichen oder Wänden. Mädchen mit Blumengirlanden auf dem Kopf kündigen den Frühling an, auf Hawaii heißen die Frauen die Besucher mit Blumengirlanden willkommen. In Tibet stellen die Mönche während der religiösen Feste bunte Blumenteppiche her, während in Thailand vor jedem Haus ein Tempelchen mit den Blumengaben für die Schutzgottheit steht. Gärten, Pflanzen und Blumen machen das Fest also erst vollkommen. Eine Verbindung, die teils auf alten, tief in der Kultur der Völker verwurzelten Traditionen beruht. Für die westliche Kultur hat der barocke Garten eine wichtige Rolle gespielt, der unbestritten die Bühne denkwürdiger Feste war, mit Bühnenbildern aus Grünpflanzen und Blumen, Labyrinthen und Gartentheatern: echten Theatern mit Bühne, Bühnenbildern und Sitzen aus Buchsbaum. Es gab auch so genannte „Wassertheater“, von Felsen begrenzte Räume, in denen die Bühne mit Becken und Wasserstrahlen gestaltet wurde, und „Blumentheater“, perspektivische Kompositionen aus Vasen, die Esplanaden, Treppen und Wege schmücken. Lauter Orte und Möglichkeiten, um die Riten des Festes im Freien zu feiern, wo die Blume den Edelstein der Komposition bildet, die Gemme, die in eine prunkvolle Fassung eingebettet ist. Auch wenn sie benutzt wird, ist die Blume doch Teil des — traurigen oder fröhlichen, privaten oder öffentlichen, alten oder modernen — Ereignisses.

• Duftende tropische Blumen bilden eine Komposition in traditionellem Stil anlässlich des Blumenfestes von Chiang Mai in Thailand.

490 • Junge Indianer bereiten sich mit Girlanden und Blumen im Haar auf eine kollektive Hochzeit vor.

491 • Eine Statue des Affengottes Hanunam wird, fast begraben unter Blumenschmuck, bei einer Prozession in Puttaparthi in Indien getragen.

Eine traditionelle *Pookalam*-Komposition ist bereit für das *Onam*-Erntefest in Indien.

Vor der Dargah-Moschee in Ajmer in Indien werden Blumenkompositionen als Geschenke verkauft.

In Pushkar in Indien ehren Blumengeschenke (der gewöhnlichsten Art) einen *schiwling*, den heiligen Phallus des höchsten Gottes Schiwa (oben) und den Kopf des Stiers Nandin (rechts), seines mythischen Reittiers.

In Sravanabelgola in Indien ordnen zwei dschainistische Mönche *kalasa* (mit Blumen gefüllte Gefäße) zu einem Fest*mandala*.

Als Prinzen gekleidete und mit Kopfputz aus Blumen geschmückte Jugendliche nehmen an der Weihe der Novizen (Poy Sang Long) in Mae Hong Son in Thailand teil.

Stolz trägt die Mutter eines Novizen ein kostbares Blumengeschenk während der Zeremonie Poy Sang Long in Thailand.

504–505 u. 506–507

• Tausende von „Booten“ aus Blättern, beladen mit Kerzen und Blumen, werden während des Loy Kratong, des Dankfestes für die befruchtenden Wasser, in Thailand ins Wasser gesetzt.

Darstellungen mythischer Wesen und Gottheiten aus Blumen werden während des Blumenfestes in Chiang Mai im Norden Thailands getragen.

Das Blumenfest, das jedes Jahr am Ende der kühlen Jahreszeit (gegen Februar) begangen wird, feiert den weltberühmten Blumenbestand der Region.

● Geschmückt mit Bildern von Buddha, stellt der Wagen, der am Blumenfest teilnimmt, einen vollständigen komplexen Buddhatempel dar.

514 • Eine Gruppe chinesischer Kinder wartet darauf, sich in die Parade zum chinesischen Neujahrsfest in der Chinatown von Vancouver in Kanada einzureihen.

515 • Zu den bunten traditionellen Trachten Südchinas (hier in der Region Guilin) gehört ein anmutiger Kopfputz aus Blumen.

● Ein Wagen im Stil der chinesischen Oper fährt in Pasadena in Kalifornien in der Tournament of Roses, der populären Blumenparade, die seit 1890 jährlich stattfindet.

Wagen aus der Edo-Zeit (1603–1867), neu gestrichen und mit Blumen geschmückt, fahren auf dem Chichibu-Fest in Japan, das seit 300 Jahres stattfindet.

• Die Blumen haben einen Ehrenplatz bei verschiedenen japanischen Festen: Links nimmt ein Junge am Gion-Fest in Kyoto teil, oben ein Junge beim Arashiyana-Fest, das die Ankunft des Herbstes feiert.

Für das am Frühlingsanfang im japanischen Fukuoka gefeierte Fest Hakata Dontaku werden die Hüte der Frauen mit gerade erblühten Blumen geschmückt.

Angehende balinesische Tänzerinnen tragen Kopfbedeckungen, die mit stark duftenden Blumenkompositionen geschmückt sind.

• Halsketten und Kränze aus Blüten und Gräsern schmücken die Teilnehmer am Fest auf der Insel Yap in Mikronesien, einer Art Tanzwettbewerb zwischen Dörfern.

528 • Der Reichtum der Natur auf der Insel Samoa spiegelt sich in der Vielfalt der typischen Blumenketten, die in ganz Ozeanien verbreitet sind.

529 • Ein im Hulastil gekleidetes Mädchen trägt einen Korb voller Blumenketten, den berühmten hawaiianischen *lei* aus Frangipaniblüten.

530 • Frangipaniblüten schmücken den Hals einer kleinen Hulatänzerin.

531 • Stark duftende Frangipaniblüten (*Plumeria*) dienen auch diesem Jungen, der auf einem Fest auf den Cook Islands eine Muschel bläst, als Schmuck.

Die Regeln der Rose Parade in Pasadena, Kalifornien, sind klar: An der Parade teilnehmen dürfen Wagen, die mit pflanzlichen Materialien: Blütenblättern, Samen und Rinde geschmückt sind.

• In Medellin, der kolumbianischen „Stadt der Blumen“, ziehen die lokalen Blumenzüchter jedes Jahr durch die Straßen, wobei sie auf ihren Schultern ihre Kompositionen tragen.

536 • Manchmal übersteigt das Gewicht der auf dem Fest von Medellin präsentierten Kompositionen (bis zu 70 Kilo) das Gewicht ihrer Träger.

537 • Etwa 500 Blumenzüchter nehmen am Fest von Medellin teil, das vor einem Jahrhundert seinen Anfang nahm.

538 • In dem Städtchen Villa Franca do Lome auf den Azoren findet jährlich ein Rosenfest mit einer Wagenparade statt.

539 • Auf der portugiesischen Insel Madeira findet im April das berühmte Blumenfest statt, das auf lebhafte Weise die Rückkehr des Frühlings feiert.

Während der Romería del Rocío in Spanien ziehen blumengeschmückte Wagen zum Santuario de la Paloma Blanca in Almonte.

Der am reichsten mit Blumen geschmückte Wagen auf der Romería del Rocío ist natürlich derjenige, der die aufs höchste verehrte Statue der Jungfrau Maria, der die Wallfahrt geweiht ist, zum Santuario de la Paloma Blanca transportiert.

REGINA ORBIS

Während des Blumenfestes an der Costa Brava in Spanien schaffen „Straßenkünstler“ eine große Zeichnung aus den Blütenblättern verschiedener Blumen.

Beim Karneval im sonnigen Nizza in Frankreich ziehen überaus reich mit Blumen geschmückte Wagen durch die Straßen.

548 • Ein ganz junges österreichisches „Frühlingsmädchen“ nimmt an dem Fest teil, das der Ankunft der schönen Jahreszeit in der Steiermark geweiht ist.

549 • Ein Mächden in Tracht mit seinem Strauß während des prunkvollen Karnevals in Nizza. Er soll Ende des 19. Jahrhunderts das Vorbild für den Karneval von Rio gewesen sein.

Landgasthof
Fam.

Auf dem Grundlsee in der Steiermark findet jedes Jahr das Narzissenfest statt, bei dem Boote mit Figuren aus der in dieser Gegend weit verbreitete Blume über den See fahren.

Die Prozession der „Kühe“ beim Tulpenfest in Woodburn in Oregon.

Die Grand Place in Brüssel in Belgien ist jedes Jahr der Schauplatz einer Blumenausstellung, die die Mitte vollständig bedeckt.

556 • Ein Wagen mit Bierfässern, geschmückt mit Blumen und Blättern, fährt zur Statue der Bavaria in München.

557 • Der Blumenschmuck eines Wagens betont den lebhaften Geist, der das weltberühmte Oktoberfest in München animiert.

558 • Ein Tänzer des alten englischen Volkstanzes Morris Dance trägt einen auffälligen Blumenschmuck auf dem Kopf.

559 • Ein in perfektem Druidenstil gekrönter Junge nimmt am National Eisteddfod of Wales in Großbritannien, einem der wichtigsten Kulturfestivals Europas, teil.

Die alte religiöse Tradition des Blumenfests des Corpus Domini (oben in Genzano im Latium, recht in Spello in Umbrien) hat im Laufe der Jahrhunderte durch die Schaffung echter Kunstwerke aus Blumen einen künstlerischeren Charakter bekommen.

562 • In Bolsena in Latium feiert ein Blütenblättermosaik Raffaels berühmte Cherubinen.

563 • Diese für das Blumenfest des Corpus Domini in Bolsena in Latium geschaffene Komposition ist klassisch inspiriert.

564–565 • Künstler bei der Arbeit für das Blumenfest in Genzano in Latium.

BLUMEN MÄRKTE

• Ein junges Mädchen bietet eine Platte mit Blumengeschenken in Bharat in Indien an.

EINLEITUNG Blumenmärkte

Sowohl als kleiner Markt wie als Großmarkt sind die Blumenmärkte magische Orte. Farben, Stimmen und Menschen verschmelzen zu einer märchenhaften Atmosphäre. Was aber vor allem beeindruckt und berauscht, sind die Düfte, die den industriellen Düften so fern und dem Geruch der Erde so nah sind. Zu einfarbigen Sträußen auf greller Grundierung vereint oder zu impressionistischen Kompositionen, in denen jeder Farbton der Palette vertreten ist, beherrschen die Blumen diese Orte. Selbst in den ärmsten und abgelegensten Gegenden dieses Planeten werden Blumen geschenkt. Die Bedeutungen dieser Geste wechseln je nach Klima und Boden, aber dieses wunderschöne Naturprodukt fasziniert jede Bevölkerungsgruppe. Auf

EINLEITUNG Blumenmärkte

den Blumenmärkten kann man besser als in den schönsten Gärten, den botanischen Gärten oder den Heilkräutergärten die unterschiedlichen Arten studieren, die Farben vergleichen, den Duft genießen ... vor allem aber kann man sie nach Hause tragen. Auf den Märkten wird auch ein wenig Heiterkeit verkauft, die Blumen vor allem zu Hause verbreiten. Aber man darf nicht vergessen, dass Blumen auch in der Küche eine Rolle spielen, nicht nur die frittierten Zucchiniblüten, die die Europäer so schätzen, sondern auch die Blütenblätter der Rose, Hauptzutat vieler Eissorten, oder die Salate aus Blüten der alten orientalischen Küchen, die heute in der ganzen Welt serviert werden, vor allem in der gesunden Küche. Schwimmende Märkte, Marktstände

Blumenmärkte

Einleitung

auf Plätzen oder einfache Straßenverkäufer — oder besser Verkäuferinnen —, die auf orientalische Art dahocken, den Kopf unter merkwürdigen kegelförmigen Hüten aus hellem Stroh verborgen, stets locken die Blumenmärkte Käufer und Neugierige an, denn sie verzaubern jeden, ohne dass man die Namen der einzelnen Blumen kennen muss; allein schon der Anblick der bunten Sträuße tut der Seele gut. Von Indien bis Thailand, von Hongkong bis Guatemala, von Holland bis Italien verschönern die kostbaren Blüten das Leben der Menschen, verleihen Straßen und Plätzen Farbe und bezaubern Käufer und Passanten.

- Blumenmarkt in Amsterdam in Holland, dem Tulpenland schlechthin.

572–573 • Blumenverkäufer in Rajasthan in Indien.

573 • In Indien ist es üblich, die Stiele der Blumen, die verkauft werden, abzuschneiden.

574 • Blumenkörbe auf einem Markt in Rajasthan in Indien.

574–575 • Die in Indien verkaufen Blumen werden meist als Geschenke auf Altären verwendet.

576–577 • Eine Girlandenverkäuferin bei der Arbeit auf dem Markt von Bengaluru in Indien.

578 • Girlandenverkäufer in Kolkata (Kalkutta) in Indien.

579 • Der Blumenmarkt in Varanasi (Benares) in Indien.

Auf dem Blumenmarkt von Victoria Park in Hongkong richtet eine Blumenverkäuferin Pflaumenbaumzweige, die Glück bringen sollen, für das chinesische Neujahrsfest her.

582–583 • Der typische thailändische Strauß (hier in Bangkok) ist in Bananenblätter eingewickelt.

583 • In Zeitungspapier werden dagegen die Blumen gewickelt, die in Kompositionen eingefügt werden sollen.

Eine Rosenverkäuferin bereitet sich darauf vor, ihre Ware auf einem Blumenmarkt in Bangkok für den Verkauf herzurichten.

586 • Blumen und Gemüse werden auf einem Markt in Pai in Thailand gemeinsam verkauft.

586–587 • In Thailand werden Blumen, die vor allem als Geschenk dienen, in enormen Mengen verkauft.

In Thailand werden die Lotosblumen, die entweder geschlossen im Kelch (oben) oder kurz vor dem Aufblühen (rechts) verkauft werden, sehr geschätzt.

In Thailand wird diese Art von Girlanden, die nicht duften darf, ausschließlich als Geschenk oder Weihgabe verwendet.

592 • Ein Blumenverkäufer mit den traditionellen Körben auf dem Weg zum Blumenmarkt in Da Nang in Vietnam.

592–593 • Blumenverkäufer auf dem zentralen Markt von Can Tho in Vietnam.

594 • Eine Straßenverkäuferin bietet ihre Blumen in Taunggyi in Myanmar an.

594–595 • Eine Blumenverkäuferin bindet Geschenksträuße in Yangon in Myanmar.

Blumenverkäuferinnen in Myanmar: oben eine alte Frau in der Hauptstadt Yangon, rechts eine Frau in der Hafenstadt Thantwe.

598 • Eine Blumenverkäuferin im Norden des Landes auf dem Weg zum Markt von Kalaw in Myanmar.

598–599 • Blumen- und Gemüseverkäuferinnen tauschen Ware auf einem schwimmenden Markt auf dem Inle-See in Myanmar.

Tulpen und Sonnenblumen auf dem Markt von Singel in Amsterdam, der europäischen Hauptstadt der Blumen.

OPEN
8,50

602–603 • Nicht nur Amsterdam räumt den Blumen viel Raum ein: Hier sind wir auf dem Blumenmarkt in Delft.

604–605 • Diese in Amsterdam gemachte Aufnahme gibt eine Vorstellung vom Ausmaß des Blumenhandels in Holland.

Große weiße Kalla „stehlen die Schau“ auf einem Markt in Funchal auf Madeira. Die zu Portugal gehörige Insel darf sich eines außergewöhnlichen Blumenreichtums rühmen.

Der Blumenmarkt in Stuttgart. Der Platz ist buchstäblich von Blumenständen besetzt.

610 • Ein schöner bunter Stand bietet Nelken an auf dem Markt in der Moore Street in Dublin.

611 • Sonnenblumen auf dem Blumenmarkt in der Columbia Road in London.

€3 each
or
2 for £5

612–613 • Auf einem Straßenmarkt in Stockholm stehen die Blumen in Tüten zum Verkauf bereit.

613 • Tulpen auf dem Norrmalmstorg-Platz in Stockholm.

614 ● Ein Blumenstand in der Via Croce in Rom.

615 ● Der Blumenmarkt auf der Piazza Anfiteatro in Lucca.

616–617 u. 617 • In Paris, der romantischen Stadt schlechthin, stößt man auf Schritt und Tritt auf große und kleine Blumenmärkte im Freien.

618–619 • Gelbe und rote Chrysanthemen: Eine einfache Anordnung im Wechsel der Farben ist ein wirksames Verkaufssystem für Blumen.

Ausgedehnte Blumenmärkte beleben das historische Zentrum von Aix-en-Provence. Die ganze Provence und die angrenzende Ligurische Küste sind berühmt für ihre herrlichen Blumen.

622 • Shopping mit Sonnnenblumen und Nelken in Coustellet in der Provence.

622–623 • Cassislavendel in der Provence: Im Königreich der Blumen ist diese stark duftende Blume die Königin.

LAVANDE
EXTRA BLEUE
4,60 € le Bq
16 € les 4

624–625 • Blumenmarkt im Freien auf dem Boulevard Edgar Quinet in Paris.

625 • Hyazinthensträuße auf dem kleinen Markt im Faubourg St. Germain in Paris.

626–627 • Blumenmarkt auf der Grand Place in Brüssel in Belgien.

628–629 • Eine Ausstellung, die die Blicke auf sich zieht: Chrysanthemen- und Gerberasträuße in verschiedenen Farben.

630–631 • Der Blumenmarkt bietet zahlreiche Blumen aus dem Labor an, wie diese ungewöhnlich gefärbten Chrysanthemen.

632 • Eine Blumenverkäuferin wartet auf Kunden auf dem Freitagsmarkt in Antananarivo auf Madagaskar.

633 • Auf dem Blumenmarkt von Kapstadt verkauft eine Frau Proteen, Blumen sehr alten Ursprungs (ihre Vorfahren sind mehr als 300 Millionen Jahre alt), die typisch für Südafrika sind.

634–635 • Sonnenblumen und Lilien in Seattle im Staat Washington.

635 • In einer Straße in Seattle zeigt eine Blumenverkäuferin stolz einen Strauß nach asiatischer Art.

636 • Der Blumenmarkt in Dallas in Texas.

636–637 • Dahlien auf dem Blumenmarkt am Pike Place in Seattle.

MARCHÉ ATWATER
VIVACES PERENNIALS

638–639 • Der Atwater Flower Market in Montreal in Kanada.

639 • Ein Stand mit Sommenblumen auf einem kleinen Markt im Freien in San Francisco.

640–641 • Auf dem Bürgersteig sitzend, verkaufen bolivianische Frauen Blumen auf dem Markt in Ciudad Punata.

642 u. 643 • Auf dem Sonntagsmarkt in Chichicastenango verkaufen guaetemaltekische Frauen Blumen und Brennholz.

644–645 • Mit Hilfe ihrer Töchter bindet eine Frau Blumensträuße auf einer Straße in Quito in Ecuador.

646 • Eine Verkäuferin mit dem typischen „Arbeitshut“ der Anden verkauft Lilien auf dem Markt in Cuenca in Ecuador.

647 • Ein Indianermädchen verkauft Kalla auf dem Markt in Chichicastenango in Guatemala.

SAG'S MIT BLUMEN

• Ein Herz aus Blumen: Die Botschaft ist klar.

EINLEITUNG Sag's mit Blumen

Für die Orientalen bedeutet die Tulpe vollkommene Liebe, im Westen dagegen Wankelmütigkeit. Den Blumen wird eine „Sprache“ zugeschrieben, die sich, unnötig zu sagen, von Ort zu Ort und von Kultur zu Kultur ändert. Wenn im Mittelalter ein Mädchen einem Ritter gestattete, seinen Schild mit zwei Margeriten zu schmücken, so war das eine öffentliche Liebeserklärung, wohingegen zu anderen Zeiten die Frauen ihre Stirn mit Margeriten schmückten, wenn sie sich ihres Geliebten nicht sicher waren. Die jungen Indianer Amerikas schenkten dem Mädchen ihrer Wahl einen kleinen Mimosen-Zweig. Der heilige Joseph wird häufig mit einem Stock in der Hand dargestellt, an dessen

Ende eine Lilie, Symbol der Reinheit und Keuschheit, blüht. Den Griechen zufolge ist die Lilie aus einem Tropfen Milch entstanden, der aus Junos Brust quoll, während sie Herkules stillte. Nicht immer ändern sich die Bedeutungen mit den Kulturen. Die Orangenblüte, die bereits von den Kreuzfahrern benutzt wurde, um die Gewänder der Bräute zu schmücken, war für die sarazenischen Feinde ein Symbol der Fruchtbarkeit. Auch die rote Rose hat eine universelle Bedeutung und steht für Liebe und Leidenschaft. Die anderen Farben haben jeweils unterschiedliche Bedeutungen: Gelb bedeutet Eifersucht und Untreue, Weiß Reinheit und Keuschheit, Rosa Charme und Sanftheit. Die rote Nelke drückt Liebe, Leidenschaft und Ungestüm aus, die weiße Treue und die gelbe Verachtung. In Spanien ist der Jasmin Sinnbild der Sinnlichkeit, und in der Toskana fügen die Bräute noch heute einen Jasminzweig dem Brautstrauß hinzu. Die Pfingstrose dagegen wird der schüchternen und schamhaften Geliebten geschenkt, während sie in China und Japan die Blume der Kaiser war und nur von diesen gepflückt werden durfte. Die dauernd und reichlich blühende Petunie ist Symbol einer überbordenden und unbezähmbaren Liebe. Die Narzisse verdankt ihren Ruf den *Metamorphosen* des Ovid, wo von dem schönen Hirten erzählt wird, der sich in das eigene im Wasser gespiegelte Bild verliebte. Eine

Blume also, die der Selbstachtung, aber auch der Eitelkeit und der Unfähigkeit zu lieben geweiht ist. Das Veilchen hingegen drückt Scham und Bescheidenheit aus. Die Primel, eine der ersten Blumen, die im Frühling blüht, ist Symbol der Jugend und der Frühreife. Aber die Blumen drücken auch negative Bedeutungen aus, wie das Alpenveilchen, das wegen des Giftes, das seine Wurzeln enthalten, Symbol für Misstrauen ist. Eine ähnliche Bedeutung hat der Lavendel, allerdings wegen der großen Menge von Bienen und Hornissen, die ihn während der Blüte umschwirren. Auf Hawaii legten die Frauen den Besuchern eine Blumengirlande um den Hals, und noch heute wirft die Braut ihren ledigen

Sag's mit Blumen

Einleitung

Freundinnen den Brautstrauß über die Schulter zu. Und schließlich das Ikebana, die Kunst der „lebendigen Blumen“. Eine historische Technik der Anordnung von Blumen, die im 6. Jahrhundert entstand und noch heute vor allem in Japan verbreitet ist. Blumen als Syntax einer universellen Sprache. Einer der wenigen, die wirklich überall verstanden wird.

• Genau der richtige Rosenstrauch für eine Braut. Die verschiedenen Bedeutungen könnten sein: „Verlangen“ (pfirsichfarbene Rosen), „Vereinigung“ und „Treue“ (weiße Rosen) und „häusliches Glück“ (gelbe Rosen).

656 • Die Mimose, die aus den Blumen dieses Straußes heraussticht, ist das Symbol für die Empfindlichkeit der Frauen.

657 • Das Violett kann je nach gewählter Blume „Laune“ oder „Verzeihung“ bedeuten.

- In der Regel werden die Blumensträuße in schlichte Gefäße gestellt, damit nichts von ihrer Botschaft oder der Würdigung der beabsichtigten Wirkung ablenken kann.

Ein Hauch von Ländlichkeit ist besonders wirkungsvoll, sei es durch gemischte Sträuße (oben), sei es durch bescheidene Feldblumen (rechts).

662 • Hochzeitsstrauß, in dem das Altrosa dominiert: Mit seiner edlen Vornehmheit kann er „vollkommenes Glück“ ausdrücken.

663 • Wenn ein Ritter im Mittelalter Margeriten schenkte, machte er damit eine öffentliche Liebeserklärung.

Anspielungen im Vergleich: Ein Strauß mit einem Hauch sinnlicher Gesuchtheit (oben) kontrastiert mit der vorbildlichen Bescheidenheit des rechten Straußes.

666 • Eine Vase, die bei einem wichtigen Anlass als Tafelaufsatz verwendet werden kann.

667 • Die nüchterne Strenge der Vase unterstreicht den romantischen, leicht dekadenten Charakter dieses Tafelaufsatzes.

668 • Eine bunte Blumengirlande gilt in vielen Ländern als Willkommensgruß.

669 • Ein Strauß aus Tulpen, Margeriten, Nelken und anderen Blumen. Die verschiedenen Bedeutungen heben sich gegenseitig auf und verschmelzen zu einem schönen Geschenk.

670 • Ein Tafelaufsatz mit Rosen macht sich auch bei einem ernsten Anlass gut.

671 • Ein anspruchsvoll gestalteter Tafelaufsatz feiert eine Braut.

672, 673 u. 674–675 • Echt (oben), aus Zucker (rechts) oder vor allem kombiniert mit Orangenblüten (folgende Seiten), die Rosen drücken zahlreiche Bedeutungen aus, die mit der Ehe zu tun haben, von der reinen Liebe bis zur Anmut, von der Hoffnung bis zur Unschuld.

DUFTENDE KUNSTWERKE

- Zarte Schattierungen begleiten das Sicheinrollen der Blütenblätter.

EINLEITUNG Duftende Kunstwerke

Duftend und mit samtigen, bunten Blüten. Schon immer haben die Blumen die Aufmerksamkeit des Menschen auf sich gezogen. Aber eine solche Vielfalt von Formen und Farben musste die Fantasie beflügeln. Von Komponisten, Malern und Fotografen. So wie in einer Symphonie jedes Instrument seinen Platz hat, sind es in der Symphonie des menschlichen Lebens die Blumen, die erfreuen, aufheitern, Botschaften vermitteln und bis zur Benommenheit berauschen. Genau wie in der Vergangenheit, als aus den Tränen der zu Füßen des gekreuzigten Christi weinenden Maria Nelken entstanden. Die zeitgenössischen Techniken erforschen neue Landschaften und erlauben dem Objektiv des Fotografen bis dahin undenkbare Close-ups. Und die modernen Teleobjektive ermöglichen ganz neue

EINLEITUNG Duftende Kunstwerke

chromatische und formale Emotionen. Dem aufmerksamen Auge entgehen nicht einmal versteckte Anklänge an Werke von Malern wie Miró, Kandinsky und Mondrian. Besonders Letzterer scheint mit seinen Farbgrundierungen die Fotografen zu inspirieren, von denen die folgenden Fotos stammen. Die Natur wird hier zur Nebensache einer Darstellung, bei der die Fotografie in die Realität eingreift, so wie die Renaissancegärtner die Natur in vorgegebene Formen zwangen. Blätter, Stiele, Blütenblätter, Stempel, Blütenstaub, die ganze Blume wird durch die Nahaufnahme verzerrt. Reale Natur, aber abstrakte, aus dem Zusammenhang herausgelöste, hervorgehobene Formen, wo das Grün und seine Töne nur noch eine der zahlreichen Farben sind, die diese fantastischen Paletten bilden. Dieses Kapitel

Duftende Kunstwerke

Einleitung

bietet eine ganz eigene Sicht der Natur, indem es sie dem flüchtigen und zerstreuten Blick entzieht und sich ihren Details, dem Wesentlichen der Blume annähert und uns ihre intimsten Bereiche zeigt. Ein indiskreter Blick, der jede Öffnung erforscht und ihr innerstes Wesen enthüllt. Das Licht, grundlegendes Element der impressionistischen Malerei, erweist sich hier als entscheidend und gestaltet die Formen, indem es sie auf den Film bannt und trügerische Dicken und Beschaffenheiten suggeriert. Auf diesen modernen Bühnen und in diesen modernen Landschaften erscheinen trügerische Realitäten zur Freude der Leser.

681 • Buntes Blühen im Frühling auf einer Hochebene in Umbrien.

682–683 • Ein Lavendelfeld in der Provence in Frankreich.

684–685 • Blühende Wiese auf den Monti Sibillini in Umbrien.

686 • Regentropfen auf einer blauen Iris.

687 • Die weiß-blauen Blütenblätter der *Aquilegia vulgaris*.

688 • Das Herz einer Dahlie öffnet sich bei den ersten Sonnenstrahlen.

689 • Die Stempel einer Kamelie.

690–691 • Das sind keine Seidentücher, die der Wind bewegt, sondern Blütenblätter einer Dahlie.

691 • Explosionen von Gelb auf einer Iris.

692–693 • Eine flammende Dahlie *Penelope*.

694 • Fast ein Rad mit zahlreichen Speichen, überrascht diese *Papaver orientalis* den Betrachter mit ihren Formen.

695 • Die Staubbeutel einer feuerroten Dahlie.

• Blütenblätter einer voll erblühten Sonnenblume.

Mit ihren komplexen und bizarren Formen erinnern die Geschlechtsorgane der Blumen (oben eine Passionsblume, rechts eine Tulpe) an Bilder außerirdischer Welten.

Geschlechtsorgane einer *Hemerocallis* (oben) und einer *Sempervivum grandiflorum* (rechts).

702 • Die gewundenen dunkelroten Formen einer gerade erblühten Kalla.

703 • „Die Wunderschöne, die man von ferne sieht“, das ist die Bedeutung des wissenschaftlichen Namens der Anemone Waratah (*Telopea speciosissima*).

704 • Die kleinen pfeilförmigen Blütenblätter einer roten Dahlie.

705 • Das blutrote Innere einer Orchidee, der vielleicht sinnlichsten Blume.

Abstrakt in Rosa. Wie die Wolken besitzen auch die Blumen eine subtile und vergängliche Schönheit, die einlädt, ihre Formen zu interpretieren.

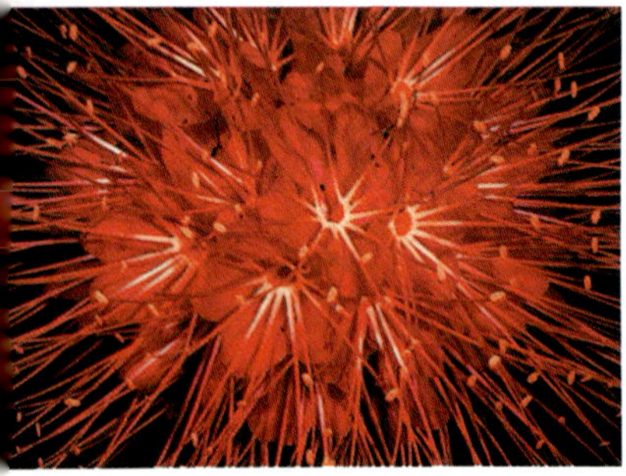

708 • Was wie ein Feuerwerk aussieht, ist in Wirklichkeit eine Blume Amazoniens.

708–709 • Proteen auf Maui, einer der Hawaii-Inseln.

710 • Der gewundene Stempel einer *Anthurium*.

711 • Die gezackten Ränder einer Nelkenblüte.

712–713 • Zart getönte verschwommene Blütenblätter einer Hortensie.

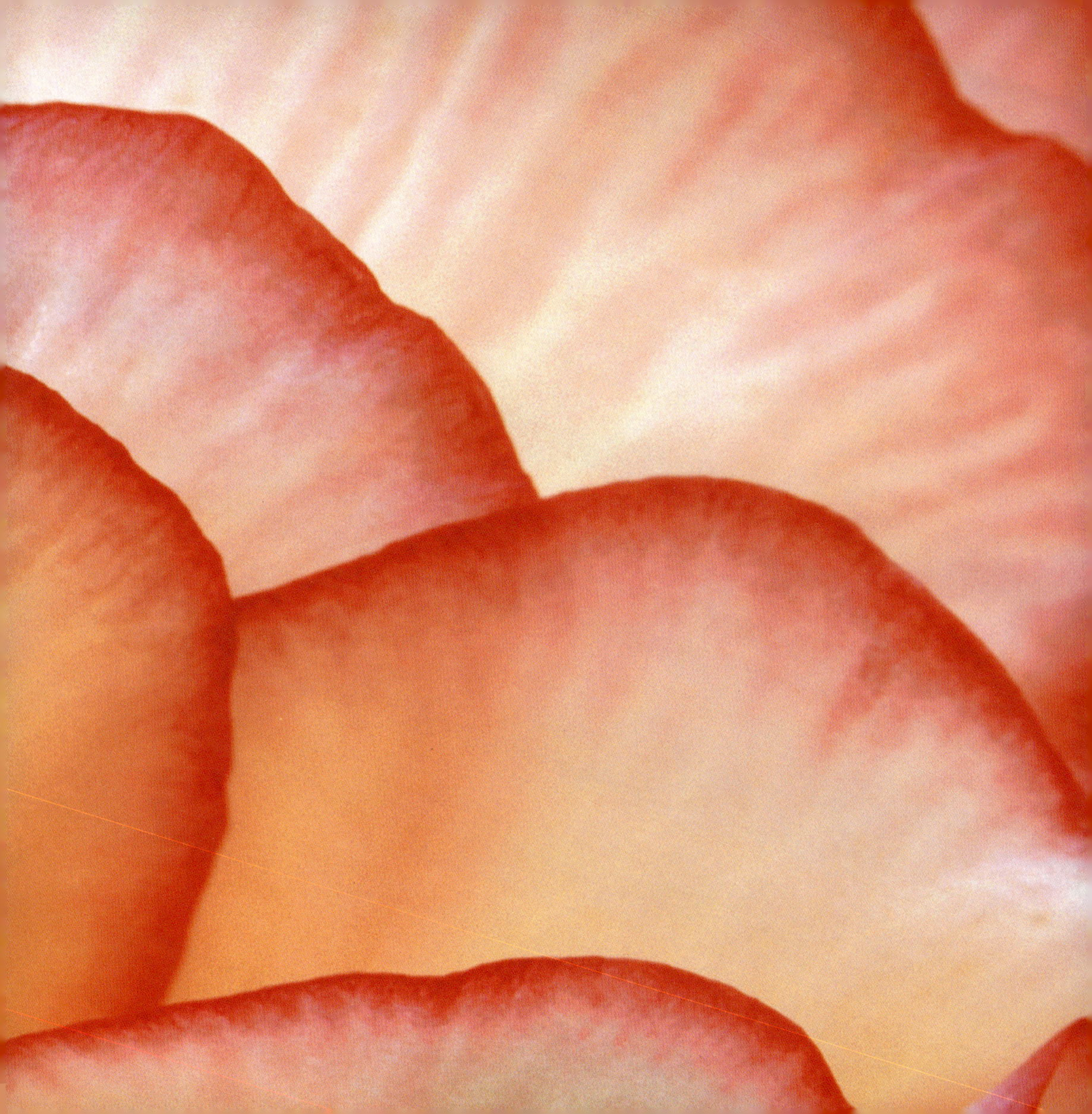

714 • Eine *Gazania* mit besonders kräftigen Farben.

715 • Kelch und Blüte eines Hibiskus, von unten aufgenommen.

716 • Das charakteristische Geflecht der Blüte einer *Tillandsia*.

717 • Im Innern der Rose.

Die unverwechselbare Blüte einer Dahlie.

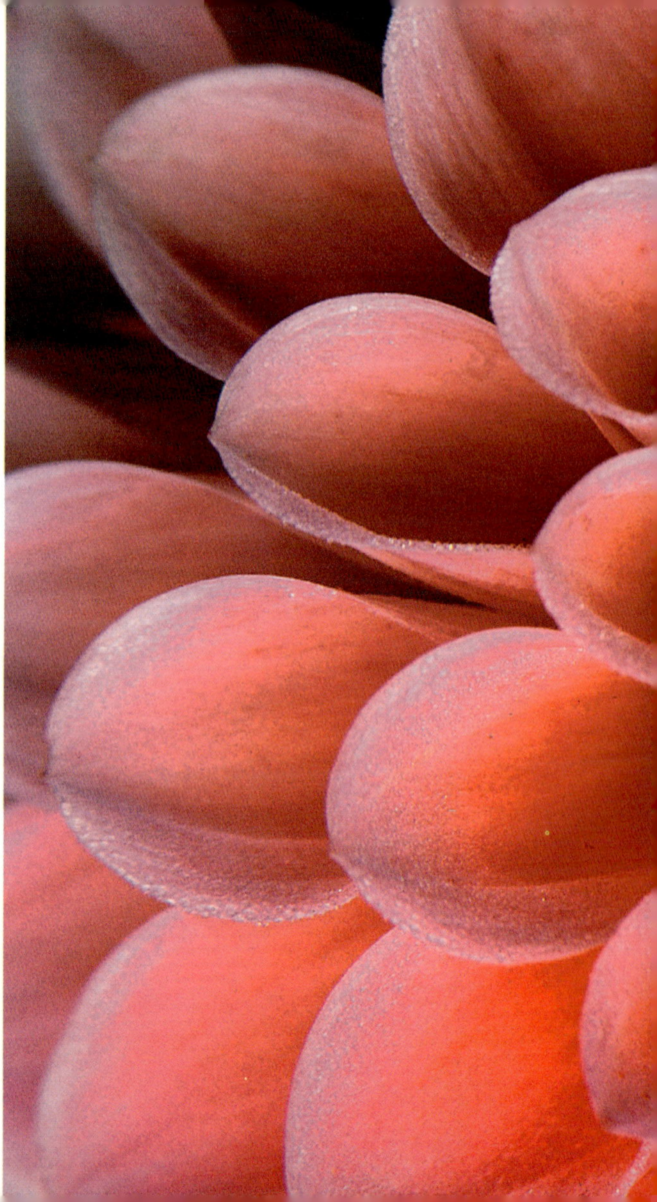

720 u. 721 • Inneres der Blüte einer gefleckten Orchidee (oben) und einer thailändischen Orchidee (rechts).

722–723 • Lavendelsträucher. Die einzelne Blume ist relatv nichtssagend, aber die Farbe dieser robusten Pflanzen ist kilometerweit zu sehen.

724 • Wie ein Leuchtturm im Dunkeln erhellt das Fortpflanzungsorgan die eisige Farbe eines Stiefmütterchens.

725 • Eine Lilie, Blume der Reinheit und der Keuschheit, öffnet sich.

726 • Die Blüte einer Tulpe, die unzugänglich wirkt, wenn die Blume geschlossen ist, enthüllt einen überaus zarten Stempel, wenn die Blütenblätter auseinandertreten.

727 • Im Wind öffnet eine Anemone ihre Blütenblätter.

VALERIA MANFERTO DE FABIANIS

Geboren in Vercelli (Italien), hat sie nach einem geisteswissenschaftlichen Studium an der Università Cattolica del Sacro Cuore in Mailand in Philosophie promoviert. Als mit Begeisterung Reisende und Naturliebhaberin arbeitete sie an Dokumentarfilmen fürs Fernsehen und Reportagen für die renommiertesten italienischen Fachzeitschriften mit. Außerdem verfasste sie Texte für zahlreiche Fotobücher. 1984 gründete sie zusammen mit Marcello Bertinetti Edizioni White Star.

Ovidio Guaita

Der Fotograf aus Leidenschaft arbeitet als Journalist und hat digitale Fotografie an der Accademia di Belle Arti in Florenz gelehrt. Seine Reisen haben ihn in mehr als 130 Länder geführt. Er hat dreißig Fotobücher über Städte und Gärten in der ganzen Welt veröffentlicht, die gleichzeitig in London, Paris, New York und Tokyo erschienen. Er hatte mehrere Einzelausstellungen, darunter zwei im Islamic Arts Museum Malaysia in Kuala Lumpur. Er ist Präsident der toskanischen Delegation des CIGV (Club Internazionale Grandi Viaggiatori). Seit 2006 gibt er die Internetzeitschrift Resorts heraus. www.resorts.it www.ovidioguaita.com

REGISTER

b = Bildunterschrift

BILDNACHWEIS

S. 1 Johanna Huber/Sime/Sie
S. 2–3 Olimpo Fantuz/Sime/Sie
S. 4–5 Galen Rowell/Mountain Light
S. 6–7 Klaus Neuner/Sime/Sie
S. 8–9 Michael & Patricia Fogden/Corbis
S. 11 Marcello Bertinetti/Archivio White Star
S. 13 Clay Perry/Corbis
S. 15 Rebecca L. Swanson/Agefotostock/Marka
S. 16–17 Massimo Ripani/Sime/Sie
S. 18–19 Bryn Colton/Assignments Photographers/Corbis
S. 21 Ovidio Guaita
S. 27 Royalty-Free/Corbis
S. 28–29 Ball/Agefotostock/Marka
S. 30–31 Paul Van Gaalen/Agefotostock/Marka
S. 32–33 Johan de Meester/Agefotostock/Marka
S. 34–35 Owen Franken/Corbis
S. 37 Mark Bolton/Corbis
S. 41 Darrell Gulin/Corbis
S. 42–43 Giulio Veggi/Archivio White Star
S. 44 B. Santucci/Panda Photo
S. 44–45 Vitantonio Dell'Orto
S. 46–47 Gerhard Dreyer/Agefotostock/Marka
S. 48–49 P. Fanti/Panda Photo
S. 50–51 Nick Wheeler/Corbis
S. 51 Jim Zuckerman/Corbis
S. 52–53 Theo Allofs/zefa/Corbis
S. 54 Maurizio Biancarelli
S. 55 Armando Maniciati
S. 56–57 Joseph Shom; Chromoshm Inc./Corbis
S. 58–59 Stuart Westmorland/Corbis
S. 60–61 John Scheiber/Corbis
S. 62–63 Darrell Gulin/Corbis
S. 63 Royalty-Free/Corbis
S. 64–65 Craig Tuttle/Corbis
S. 66 Armando Maniciati
S. 67 Warren Photographic
S. 68 Maurizio Biancarelli
S. 68–69 Vitantonio Dell'Orto
S. 70 Maurizio Biancarelli
S. 71 Vitantonio Dell'Orto
S. 72 u. 72–73 Maurizio Biancarelli
S. 74–75 L. Manieri/Panda Photo
S. 75 Armando Maniciati
S. 76–77 Armando Maniciati
S. 78 Maurizio Biancarelli
S. 79 Renato Fano u. Anna Flagiello
S. 80–81 Craig Tuttle/Corbis
S. 81 Maurizio Biancarelli
S. 82 u. 83 Maurizio Biancarelli
S. 84–85 Maurizio Biancarelli
S. 85 Armando Maniciati
S. 86 Maurizio Battello
S. 86–87 Maurizio Biancarelli
S. 88 u. 88–89 Hans-Peter Huber/Sime/Sie
S. 90 Craig Tuttle/Corbis
S. 91 Warren Photographic
S. 92–93 Maurizio Biancarelli
S. 94 Maurizio Biancarelli
S. 95 Armando Maniciati
S. 96 Maurizio Biancarelli
S. 96–97 Vitantonio Dell'Orto
S. 98–99 Maurizio Biancarelli
S. 100 u. 101 Desiree Astrom
S. 102 Maurizio Biancarelli
S. 102–103 Armando Maniciati
S. 104–105 Armando Maniciati
S. 106–107 u. 107 Maurizio Biancarelli
S. 108 Johanna Huber/Sime /Sie
S. 109 Armando Maniciati
S. 110–111 Günter Gräfenhain/Sime/Sie
S. 112–113 Giulio Veggi/Archivio White Star
S. 114–115 Giulio Veggi/Archivio White Star
S. 116 u. 117 Marcello Bertinetti/Archivio White Star
S. 118 u. 118–119 Giulio Veggi/Archivio White Star
S. 120–121 Giulio Veggi/Archivio White Star
S. 122–123 Maurizio Biancarelli
S. 124–125 Maurizio Biancarelli
S. 126 Pat O'Hara/Corbis
S. 127 Maurizio Biancarelli
S. 128–129 David Muench/Corbis
S. 130 Armando Maniciati
S. 131 Maurizio Biancarelli
S. 132–133 Royalty-Free/Corbis
S. 134–135 Maurizio Biancarelli
S. 136 u. 137 David Muench/Corbis
S. 138 Theo Allofs/zefa/Corbis
S. 139 Joseph Shom; Chromoshm Inc./Corbis
S. 140 Darrell Gulin/Corbis
S. 140–141 Terry W. Eggers/Corbis
S. 142–143 Theo Allofs/Corbis
S. 143 Royalty-Free/Corbis
S. 144 Jean-Bernard Carillet/Lonely Planet Images
S. 145 Jack Fields/Corbis
S. 146 Neil Nightingale/Naturepl.com/Contrasto
S. 147 Warren Photographic
S. 148–149 Renato Fano u. Anna Flagiello
S. 150 Armando Maniciati
S. 151 u. 152 Renato Fano u. Anna Flagiello
S. 153 Armando Maniciati
S. 154–155 Thomas Grüner/Sime/Sie
S. 156 Lee Dalton/NHPA/Photoshot
S. 157 Kevin Schafer/NHPA/Photoshot
S. 158 David Sanger/Alamy
S. 159 Christian Darkin/Alamy
S. 160 Ioannis Schinezos
S. 161 Nic Bothma/epa/Corbis

BILDNACHWEIS

S. 162–163 Mitch Reardon/Lonely Planet Images
S. 164 Giovanni Simeone/Sime/Sie
S. 165 Reinhard Schmid/Sime/Sie
S. 166 Colin Dutton/Sime/Sie
S. 167 u. 168 Gianni Iorio/Sime/Sie
S. 169 Gianni Giampiccolo/Sime/Sie
S. 171 Roberto Della Vite
S. 175 Royalty-Free/Corbis
S. 176–177 Terry W. Eggers/Corbis
S. 177 Theo Allofs/Corbis
S. 178 u. 179 Royalty-Free/Corbis
S. 180–181 Louis Bertrand/Agefotostock/Marka
S. 181 Emilio Ereza/Agefotostock/Marka
S. 182 Louis Bertrand/Agefotostock/Marka
S. 183 The Cover Stoary/Corbis
S. 184 Lydie Gigerichova/Agefotostock/Marka
S. 184–185 Pietro Cenini/Agefotostock/Marka
S. 186–187 Alessandro Villa/Agefotostock/Marka
S. 188 Terry W. Eggers/Corbis
S. 189 Darrell Gulin/Corbis
S. 190–191 Jean Carter/Agefotostock/Marka
S. 192–193 Laurance Delderfield/Agefotostock/Marka
S. 194–195 Marcello Libra
S. 196–197 John McAnulty/Corbis
S. 198 Keren Su/Corbis
S. 199 Roberto Della Vite
S. 200–201 Renato Fano u. Anna Flagiello
S. 202–203 Armando Maniciati
S. 204–205 Michael T. Sedam/Corbis
S. 206–207 Vitantonio Dell'Orto
S. 207 Michael S. Lewis/Corbis
S. 208–209 Vitantonio Dell'Orto
S. 210–211 Craig Aurness/Corbis
S. 212–213 Massimo Ripani/Sime/Sie
S. 214–215 u. 215 Vitantonio Dell'Orto
S. 216–217 Rick Nederstigt/epa/Corbis
S. 218–219 John Shaw/NHPA/Photoshot
S. 220–221 Botanica/Garden Picture Library
S. 222 P. Michael Photoz/AKA/Agefotostock/Marka
S. 223 Massimo Ripani/Sime/Sie
S. 224–225 Karl-Heinz Raach/Agefotostock/Marka
S. 226 u. 226–227 Michael S. Yamashita/Corbis
S. 228–229 u. 229 Keren Su/Corbis
S. 230–231 Remi Benali/Corbis
S. 231 Royalty-Free/Corbis
S. 233 u. 237 Johanna Huber/Sime/Sie
S. 238 Dietrich Rose/zefa/Corbis
S. 238–239 Mark Honan/Lonely Planet Images
S. 240–241 Bruno Blum/Agefotostock/Marka
S. 242–243 M. Calandrini/Panda Photo
S. 243 Olycom
S. 244 Chris Bland; Eye Ubiquitous/Corbis
S. 245 Brian Lawrence/Agefotostock/Marka
S. 246–247 Dusko Despotovic/Corbis
S. 248 Massimo Ripani/Sime/Sie
S. 248–249 Ray Laskowitz/Lonely Planet Images
S. 250 Bryan Peterson/Agefotostock/Marka
S. 251 Kevin Galvin/Agefotostock/Marka
S. 252–253 N. Maraspini/Panda Photo
S. 254–255 Martin Siepmann/Agefotostock/Marka
S. 256–257 Hubert Stadler/Corbis
S. 258 Richard Hamilton Smith/Corbis
S. 259 Massimo Ripani/Sime/Sie
S. 260–261 Reinhard Schmid/Sime/Sie
S. 262–263 Olimpo Fantuz/Sime/Sie
S. 264–265 Hakon Agustsson/Agefotostock/Marka
S. 266 SuperStock/Agefotostock/Marka
S. 267 Chris Warren/Agefotostock/Contrasto
S. 268–269 Peter M. Wilson/Alamy
S. 270–271 Hans Strand/Agefotostock/Contrasto
S. 272–273 Paul A. Souders/Corbis
S. 274 Louis Bertrand/Agefotostock/Marka
S. 275 Ingeborg Tschakert/Agefotostock/Marka
S. 276–277 San Rostro/Agefotostock/Marka
S. 277 Walter Bibikow/Sime/Sie
S. 278–279 JS SIRA/Garden Picture Library
S. 280–281, 281 u. 282–283 Marcello Libra/Archivio White Star
S. 284–285 Martin Siepmann/Agefotostock/Marka
S. 287 Frans Lemmens/zefa/Corbis
S. 291 Adrian Warren/Ardea
S. 292 Ron Sanford/Corbis
S. 293 Warren Photographic
S. 294 u. 295 Michael & Patricia Fogden/Corbis
S. 296 Petere Johnson/Corbis
S. 297, 298, 299 Warren Photographic
S. 300 John Shaw/NHPA/Photoshot
S. 301 Warren Photographic
S. 302–303 u. 303 Darrel Gulin/Corbis
S. 304 Gary W. Carter/Corbis
S. 305 George D. Lepp/Corbis
S. 306 u. 307 Warren Photographic
S. 308 Johan de Meester/Ardea

S. 309 Darrel Gulin/Corbis
S. 310–311, 312, 313, 314 u. 315 Warren Photographic
S. 316 Christof Wermter/zefa/Corbis
S. 317 Visuals Unlimited/Corbis
S. 318–319 Warren Photographic
S. 319 Fritz Rauschenbach/zefa/Corbis
S. 320, 320–321, 322 u. 323 Warren Photographic
S. 324 N. A. Callow/NHPA/Photoshot
S. 325 Volkmar Brockhaus/zefa/Corbis
S. 326 u. 327 Warren Photographic
S. 328 Steve Hopkin/Ardea
S. 329 Gavriel Jecan/Corbis
S. 330 u. 331 Steve Hopkin/Ardea
S. 332 Craig Tuttle/Corbis
S. 333 Paul Freytag/zefa/Corbis
S. 334–335 Fritz Rauschenbach/zefa/Corbis
S. 336–337 Herbert Zettl/zefa/Corbis
S. 337 Royalty-Free/Corbis
S. 338 u. 339 James Carmichael Jr./NHPA/Photoshot
S. 340–341 Renato Fano u. Anna Flagiello
S. 342 David A. Northcott/Corbis
S. 343 Kevin Schafer
S. 344–345 Royalty-Free/Corbis
S. 346–347 Gary W. Carter/Corbis
S. 348 George D. Lepp/Corbis
S. 349 James Carmichael Jr./NHPA/Photoshot
S. 350 Royalty-Free/Corbis
S. 351 James Carmichael Jr./NHPA/Photoshot
S. 352–353 T. Kitchin & V. Hurst/NHPA/Photoshot
S. 354 Kennan Ward/Corbis
S. 355 David A. Northcott/Corbis
S. 356 Michael & Patricia Fogden/Corbis
S. 357 Phil Savoie/Naturepl.com/Contrasto
S. 358 Alfredo Maiquez/Lonely Planet Images
S. 359 Kevin Schafer
S. 360 Pavel German/Auscape
S. 361 Gavriel Jecan/Corbis
S. 362 Kevin Schafer/Corbis
S. 363 Joe McDonald/Corbis
S. 364 Kevin Schafer
S. 365 Mark Bowler/NHPA/Photoshot
S. 366–367 Charles Mauzy/Corbis
S. 369 Royalty-Free/Corbis
S. 371 Peter Smither/Corbis
S. 375 Neil Beer/Corbis
S. 376–377 Michelle Garrett/Corbis
S. 378–379, 380–381, 382, 383, 384–385, 386 u. 387 Clay Perry/Corbis
S. 388–389 Royalty-Free/Corbis
S. 389 Michelle Garrett/Corbis
S. 390 Clay Perry/Corbis
S. 390–391 Michelle Garrett/Corbis
S. 392 Tania Midgley/Corbis
S. 392–393 u. 394–395 Clay Perry/Corbis
S. 395 Royalty-Free/Corbis
S. 396, 397, 398, 399, 400–401, 402–403, 404 u. 405 Clay Perry/Corbis
S. 406–407 Frank Krahmer/zefa/Corbis
S. 408 u. 409 Clay Perry/Corbis
S. 410–411 Dency Kane/zefa/Corbis
S. 412 Lester Lefkowitz/Corbis
S. 413 Ton Kinsbergen/Beateworks/Corbis
S. 414, 415, 416, 417 u. 418–419 Clay Perry/Corbis
S. 420–421 Royalty-Free/Corbis
S. 421 Marco Cristofori/Corbis
S. 422–423 Robert Holmes/Corbis
S. 423 Philip Gould/Corbis
S. 424 u. 425 Royalty-Free/Corbis
S. 426 Sylvain Grandadam/Agefotostock/Marka
S. 426–427 u. 428 Clay Perry/Corbis
S. 428–429 Michael Boys/Corbis
S. 430–431 Royalty-Free/Corbis
S. 431 Clay Perry/Corbis
S. 432 Earni Janes/NHPA/Photoshot
S. 433 Stephen Dalton/NHPA/Photoshot
S. 434–435 Stefan Damm/Sime/Sie
S. 436 Greger Norrevik/Agefotostock/Marka
S. 437 Miles Ertman/Masterfile/Sie
S. 438 Royalty-Free/Corbis
S. 439 Michael Busselle/Corbis
S. 440 u. 441 Clay Perry/Corbis
S. 442–443 Owen Franken/Corbis
S. 444 John Fairhall/Auscape
S. 445 John Beedle/Garden Picture Library
S. 446 John Pitcher/Agefotostock/Marka
S. 447 u. 448 Royalty-Free/Corbis
S. 448–449 Lee Snider/Photo Images/Corbis
S. 450 Mark Bolton/Corbis
S. 451 Roberto Della Vite
S. 452–453 Barbara Van Zanten/Lonely Planet Images
S. 453 Stevw Dunwell/Agefotostock/Marka
S. 454 u. 454–455 John Pitcher/Agefotostock/Marka
S. 456–457 John and Lisa Merrill/Corbis
S. 458 Geoff Bryant/NHPA/Photoshot
S. 459 Earni Janes/NHPA/Photoshot
S. 460–461 Michael Boys/Corbis
S. 461 Richard Cummins/Corbis
S. 462 Macduff Everton/Corbis
S. 462–463 Martin Siepmann/Agefotostock/Marka

BILDNACHWEIS

S. 464–465 Shaffer/Smith Photogr/ Agefotostock/Marka
S. 466–467 Clay Perry/Corbis
S. 467 Royalty-Free/Corbis
S. 468–469 Reinhard Schmid/Sime/Sie
S. 470–471 Steffen Hauser/ Agefotostock/Marka
S. 472 Index Stock/Corbis
S. 472–473 Clay Perry/Corbis
S. 474 u. 474–475 Royalty-Free/Corbis
S. 476–477 Michael Boys/Corbis
S. 477 Botanica/Garden Picture Library
S. 478 Antonio Lòpez Roman/ Agefotostock/Marka
S. 479 E. A. Janes/Agefotostock/Marka
S. 480 Michael Boys/Corbis
S. 480–481 Patrick Ward/Corbis
S. 482–483 Carl & Ann Purcell/Corbis
S. 485 Anders Blomqvist/Lonely Planet Images
S. 489 Cris Haigh/Alamy
S. 490 u. 491 Tim Gainey/Alamy
S. 492–493 Lindsay Hebberd/Corbis
S. 494–495 Karen Trist/Lonely Planet Images
S. 496 u. 497 Tiziana u. Gianni Baldizzone/ Archivio White Star
S. 498–499 Chris Liesle/Corbis
S. 500 u. 501 Anders Ryman/Alamy
S. 502–503 Kevin R. Morris/Corbis
S. 504–505 u. 506–507 John Everingham/ Artasia
S. 508 Neil McAllister/Alamy
S. 509 Cris Haigh/Alamy
S. 510–511 Modrow/laif/Contrasto
S. 511, 512 u. 512–513 John Everingham/ Artasia
S. 514 Heinz Ruckemann/UPI/GAMMA/ Contrasto
S. 515 Hans-Peter Huber/Sime/Sie
S. 516–517 Neil Rabinowitz/Corbis
S. 518 u. 518–519 Tei Kuroyanagi/ Anzenberger/Contrasto
S. 520–521 Photo Japan/Alamy
S. 521 Frank Carter/Lonely Planet Images
S. 522 u. 522–523 Michael S. Yamashita/ Corbis
S. 524–525 u. 525 Marcello Bertinetti/ Archivio White Star
S. 526 u. 527 John Elk III/Lonely Planet Images
S. 528 Picture Contact/Alamy
S. 529 u. 530 Photo Resource Hawaii/ Alamy
S. 531 Anders Ryman/Corbis
S. 532 Robert Landau/Corbis
S. 533 Neil Rabinowitz/Corbis
S. 534 Alberio Lopera/Reuters/ Contrasto
S. 534–535 AP/LaPresse
S. 536 u. 537 Jon Spaull/Corbis
S. 538 Adina Tovy Amsel/Lonely Planet Images
S. 539 Hans Georg Roth/Corbis
S. 540 Hartmut Müller-St./Sime/Sie
S. 540–541 José Antonio Moreno/ Agefotostock/Marka
S. 542, 543 u. 544–545 Owen Franken/ Corbis
S. 546–547 u. 547 Charles & Josette Lenars/Corbis
S. 548 Mediacolor's/Alamy
S. 549 Charles & Josette Lenars/Corbis
S. 550–551 u. 551 INTERFOTO Pressebildagentur/Alamy
S. 552–553 D. Hurst/Alamy
S. 554–555 Danielle Gali/Sime/Sie
S. 556 u. 557 Reinhard Schmid/Sime/Sie
S. 558 Robert Harding Picture Library Ltd/Alamy
S. 559 Jeff Morgan/Alamy
S. 560 Zoltan Nagy/Sime/Sie
S. 561 Olimpo Fantuz/Sime/Sie
S. 562 u. 563 Sandro Vannini/Corbis
S. 564–565 Zoltan Nagy/Sime/Sie
S. 567 Gianni Iorio/Sime/Sie
S. 571 Mark Tomalty/Masterfile/Sie
S. 572–573, 573, 574 u. 574–575 Tiziana u. Gianni Baldizzone/Archivio White Star
S. 576–577 David H. Wells/Corbis
S. 578 Lindsay Hebberd/Corbis
S. 579 Jeremy Horner/Corbis
S. 580 u. 581 Kevin Fleming/Corbis
S. 582–583 u. 583 Kevin R. Morris/Corbis
S. 584–585 Antoine Devouard/Rea/ Contrasto
S. 586 Anders Ryman/Corbis
S. 586–587 Bruno Barbey/Magnum Photos/Contrasto
S. 588 R. Ian Lloyd/Masterfile/Sie
S. 588–589 Karen Trist/Lonely Planet Images
S. 590–591 Kevin R. Morris/Corbis
S. 591 Juliet Coombe/Lonely Planet Images
S. 592 Nik Wheeler/Corbis
S. 592–593 Michael S. Yamashita/Corbis
S. 594 Bohemian Nomad Picturemakers/Corbis
S. 594–595 Dave G. Houser/ Post-Houserstock/Corbis
S. 596 Bohemian Nomad Picturemakers/Corbis
S. 596–597 Richard Bickel/Corbis
S. 598 Nevada Wier/Corbis
S. 598–599 Richard Bickel/Corbis
S. 600 Dave Burtruff/Corbis
S. 601 Richard Glove/Corbis
S. 602–603 Gonzalez/laif/Contrasto
S. 604–605 Patrick Ward/Corbis

S. 606 Hubert Stadler/Corbis
S. 606–607 Bruno Barbey/Magnum Photos/Contrasto
S. 608–609 Antonio Attini/Archivio White Star
S. 609 Reinhard Schmid/Sime/Sie
S. 610 Oliver Stewe/Lonely Planet Images
S. 611 Paul Panayiotou/4Corners/Sime/Sie
S. 612–613 Jeremy Woodhouse/Masterfile/Sie
S. 613 Jonathan Smith/Lonely Planet Images
S. 614 Giovanni Simeone/Sime/Sie
S. 615 Johanna Huber/Sime/Sie
S. 616–617 u. 617 Robert Holmes/Corbis
S. 618–619 Laurance Delderfield/Agefotostock/Marka
S. 620–621 Gail Mooney/Corbis
S. 621 Chris Liesle/Corbis
S. 622 Owen Franken/Corbis
S. 622–623 Roberto Rinaldi/Sime/Sie
S. 624–625 Vince Streano/Corbis
S. 625 Jan Butchofsky-Houser/Corbis
S. 626–627 Steve Vidler/AISA
S. 628–629 u. 630–631 Han Hartzuiker/Agefotostock/Marka
S. 632 Wolfgang Kaehler/Corbis
S. 633 Günter Gräfenhain/Sime/Sie
S. 634–635 Douglas Peebles/Corbis
S. 635 Morton Beebe/Corbis
S. 636 u. 636–637 Richard Cummins/Corbis
S. 638–639 Carl & Ann Purcell/Corbis
S. 639 Morton Beebe/Corbis
S. 640–641 Jeremy Horner/Corbis
S. 642 Galen Rowell/Corbis
S. 643 Anna Clopet/Corbis
S. 644–645 Richard Bickel/Corbis
S. 646 Pablo Corral V/Corbis
S. 647 Eric L. Wheater/Lonely Planet Images
S. 649 Royalty-Free/Corbis
S. 655 Jutta Klee/Corbis
S. 656, 657 u. 658 Bloemenburo Holland/Agefotostock/Marka
S. 659 Berndt-Joel Gunnarsso/Agefotostock/Marka
S. 660 Eduard van Koolwijk/Agefotostock/Marka
S. 661 Rino Burgio/Agefotostock/Marka
S. 662 Robert Levin/Corbis
S. 663 David Young/Agefotostock/Marka
S. 664 Bloemenburo Holland/Agefotostock/Marka
S. 665 Ulrike Schneiders/Agefotostock/Marka
S. 666, 667 u. 668 Royalty-Free/Corbis
S. 669 Botanica/Garden Picture Library
S. 670 Di Lewis; Elizabeth Whiting & Associates/Corbis
S. 671 Envision/Corbis
S. 672 Royalty-Free/Corbis
S. 673 Envision/Corbis
S. 674–675 Danilo Donadoni/Agefotostock/Marka
S. 677 Olimpo Fantuz/Sime/Sie
S. 681 S. Gallotti/Panda Photo
S. 682–683 Vitantonio Dell'Orto
S. 684–685 Maurizio Biancarelli
S. 686 James Guilliam/Garden Picture Library
S. 687 Ruth Brown/Garden Picture Library
S. 688 Mark Bolton/Corbis
S. 689 Anne Hyde/Garden Picture Library
S. 690–691 John McAnulty/Corbis
S. 691 Stephen Dalton/NHPA/Photoshot
S. 692–693 Jean Carter/Agefotostock/Marka
S. 694 Stephen Shepard/Garden Picture Library
S. 695 Tony Howell/Garden Picture Library
S. 696–697 Will Giles/Garden Picture Library
S. 698 Andy Small/Corbis
S. 699 David Roseburg/Corbis
S. 700 Kevin Schafer
S. 701 Vaughan Flemming/Garden Picture Library
S. 702 Royalty-Free/Corbis
S. 703 Clay Perry/Corbis
S. 704 Philip James Corwin/Corbis
S. 705 Ioannis Schinezos
S. 706–707 Royalty-Free/Corbis
S. 708 Pete Oxford/Naturepl.com/Contrasto
S. 708–709 Darrel Gulin/Corbis
S. 710 Ioannis Schinezos
S. 711 Royalty-Free/Corbis
S. 712–713 William Manning/Corbis
S. 714 Richard Cummins/Corbis
S. 715 Bonnie Muench/Corbis
S. 716 Ralph A. Clevenger/Corbis
S. 717 Darrel Gulin/Corbis
S. 718–719 John McAnulty/Corbis
S. 720 Susan Rosenthal/Corbis
S. 721 Kevin Schafer
S. 722–723 Renato Fano u. Anna Flagiello
S. 724 Theo Allofs/zefa/Corbis
S. 725 Scot Frei/Corbis
S. 726 George L. Deep/Corbis
S. 727 Steven Knights/Garden Picture Library
S. 736 Antonio Attini/Archivio White Star
Titelbild: Klaus Neuner/Sime/Sie
Rückseite: Charles Mauzy/Corbis

Blütenähren von Lavendel schieben sich vor verschwommenen Klatschmohn: ein einfaches, aber zugleich eines der suggestivsten Bilder in der Natur.

Titelbild Hibiskus-, Himmelsblumen- und Frangipaniblüten bilden einen wunderschönen tropischen Strauch.

Rückseite In Erwartung eines Insekts, das er fangen kann, hat sich ein Laubfrosch zwischen die Blütenblätter einer Dahlie gesetzt.